U0717858

國家社科基金重大委托項目“《子海》整理與研究”成果

山東省社科規劃重大委托項目成果

子海精華編

主編　王承略　聶濟冬

曾子注釋

（清）阮　元　撰　陳錦春　點校

子華子

（晉）程　本　撰　甯登國　點校

鳳凰出版社

圖書在版編目（CIP）數據

曾子注釋 / (清) 阮元撰 ; 陳錦春點校. 子華子 / (晉) 程本撰 ; 甯登國點校. -- 南京 : 鳳凰出版社, 2022.4（2022.10重印）
（子海精華編 / 王承略, 聶濟冬主編）
ISBN 978-7-5506-3677-4

Ⅰ. ①曾… ②子… Ⅱ. ①阮… ②程… ③陳… ④甯… Ⅲ. ①儒家②《曾子》－注釋③先秦哲學－研究④《子華子》－研究 Ⅳ. ①B222.02②B220.5③B223.95

中國版本圖書館CIP數據核字(2022)第048927號

書名	曾子注釋　子華子
撰者	(清)阮　元　(晉)程　本
點校者	陳錦春　甯登國
責任編輯	陳曉清
裝幀設計	徐　慧
出版發行	鳳凰出版社(原江蘇古籍出版社) 發行部電話025-83223462
出版社地址	江蘇省南京市中央路165號,郵編:210009
照排	江蘇鳳凰製版有限公司
印刷	江蘇揚中印刷有限公司 江蘇省揚中市科技園區東進大道6號,郵編:212212
開本	890毫米×1240毫米　1/32
印張	4.625
字數	96千字
版次	2022年4月第1版
印次	2022年10月第2次印刷
標準書號	ISBN 978-7-5506-3677-4
定價	68.00圓

(本書凡印裝錯誤可向承印廠調換,電話:0511-88420818)

國家社科基金重大委托項目“《子海》整理與研究”成果之一

《子海精華編》

執行編纂(按姓氏筆畫排列)：

李　兵　李　博　宋恩來　尚　穎　柳春燕　柳湘瑜

畢研哲　徐慧月　陳肖杉　陳福盛　張　偉　歐劍文

劉迎秋　劉　博　劉　圓　錢永棒

編　　務(按姓氏筆畫排列)：

布吉帥　宋曉晨　高佳蕾　孫紅苑　張　荔　張　瑞

張　櫻　劉　端

本書審稿專家：吴慶峰　鄭慶篤

《子海精華編》出版説明

“子海”，即“子書淵海”的簡稱。“《子海》整理與研究”課題係國家社科基金重大委托項目、山東省社科規劃重大委托項目。該課題分《珍本編》、《精華編》、《研究編》、《翻譯編》四個版塊，力圖把子部珍稀文獻、精華文獻進行深層次的整理、研究和譯介，挖掘子部文獻的價值，促進子學研究的發展。

山東大學向來以文史見長。古籍整理與子學研究，是其中的傳統研究方向。“《子海》整理與研究”，是在山東大學前輩學者高亨先生積 30 年之力陸續做成的《先秦諸子研究文獻目録》的基础上，由已故著名古籍整理與研究專家董治安先生參與策劃、設計的大型綜合研究課題。課題立項後，得到了中宣部、教育部、財政部、山東省政府和山東大學的大力支持，學界同仁踴躍參與。《精華編》的整理研究團隊近 200 人，來自海内外 48 所高校和研究機構。在組織管理上，《精華編》努力探索傳統文化研究協同創新的新體制、新機制，現已呈現出活力和實效。

華夏文明是由多元文化構築而成的。中國古代子部典籍，以歷代士人個性化作品的形式，系統性地展示了華夏民族的世界觀和方法論，立體性地反映了中華民族對世界文明發展的貢獻。其中，無論是宏篇大論，還是叢殘小語，都激蕩著歷史的聲音,閃爍著智慧的光芒,構成中國古代思想、藝術、科技和生活方式的主體内容。《精華編》通過對子部最优秀的典籍的整理,一方面擷英取粹,爲華夏文明的傳播提供可靠的資源和文本;另一方面以古鑒今,爲當下社會的發展提供智力支持和精神支撑。并希望進而梳理中華傳統文化的多元結構,繼承中華優秀傳統文化的一貫文脈。

根據漢代以後子學發展和子部典籍的實際情況,參照官私目録的分類與著録,《精華編》選取先秦諸子、儒學、兵家、法家、農家、醫家、曆算、術數、藝術、雜家、小説家、譜録、釋道、類書十四個類目的要籍幾百種,編爲目録,作爲整理的依據,而在成果展現上則不出現具體的類目。爲統一體例,便於工作,《精華編》編有詳細的《整理細則》,并有簡明的《整理要則》,供整理者遵循使用。

《精華編》整理原則是,對每種子書的整理,突出學術性、資料性和創新性,力求吸納已有的整理成果,推出更具參考價值、更方便閲讀的整理文本。所採用的整理方式,大體有三種:一、部頭較大且前人未曾整理者,採用標點、校勘的方式整理;二、前人曾經標點、校勘者,或採用抽换更好或别具學術特色底本的方式整理,或採用集校、集注的方式整理,或採用校箋、疏證的方式整理,或綜合使用以上方式;三、前人已有較好的注本者,則採用集注、彙評、補正等方式整理。

《精華編》採用五次校審、遞進推動的管理程式,即:一、初校全稿。子海編纂中心組織碩、博研究生,修改文稿錯别字,規範異體字,調整格式,發現并標明校點中的不妥之處。二、初審文稿。子海編纂中心的編纂人員根據情況,解決初校時發現的問題,并判斷書稿的整體質量。三、匿名評審。聘請資深教授通審全稿,全面進行學術把關,消滅硬傷,寫出審稿意見。四、修改文稿。子海編纂中心及時把專家審稿意見反饋給整理者。整理者根據審稿意見修改,做出新文稿。五、終審文稿。待新文稿返回子海編纂中心後,總編纂作最後的學術質量把關。五步程序完成後,將文稿交付出版社。

五次校審的目的是爲了保證學術質量,提高整理水平,減少錯訛硬傷。但校書如掃塵埃落葉,隨掃隨有,《精華編》雖經多道程序嚴加把關,仍難免有錯,懇請方家不吝指教。子海編纂中心將及時總結經驗,吸取教訓,把工作做得更好,以實現課題設計的初衷。

曾子注釋

（清）阮元　撰
陳錦春　點校

目　録

整理説明

《曾子注釋》四卷《叙録》一卷，清阮元撰。

阮元，字伯元，號雲臺（一作“芸臺”）、揅經老人、雷塘庵主等。江蘇揚州人，占籍儀徵。生於清乾隆二十九年（1764），卒於道光二十九年（1849），終年八十有六。乾隆五十四年（1789）進士，選庶吉士，散館授編修。歷官山東、浙江學政，兵部、禮部、户部、工部侍郎，浙江、江西、河南巡撫，湖廣、兩廣、雲貴總督等。道光十五年（1835）拜體仁閣大學士，十八年（1838）加太子太保，致仕。卒謚文達。

阮氏五岁即由其母林氏授讀，少年早達，復多方請益，與王念孫、錢大昕、任大椿、邵晋涵、孫星衍、焦循、段玉裁、凌廷堪等交游。歷官所至，皆推尊經學，奬掖人才，整理文獻，刊刻圖書。嘉慶六年（1801）於浙江立詁經精舍，嘉慶二十五年（1821）於廣東建學海堂。爲學講究以訓詁通古義，務求博通。撰著《考工記車制圖解》《詩書古訓》《儀禮石經校勘記》《十三經注疏校勘記》《積古齋鐘鼎彝器款識》《四庫未收書目提要》《疇人傳》《小滄浪筆談》《定香亭筆談》《揅經室集》等，輯録《經籍籑詁》《山左金石志》《兩浙金石志》《兩浙輶軒録》等，彙刻《十三經注疏》《皇清經解》《詁經精舍文集》《學海堂初集》等。《清史稿》有傳。阮氏門人及子弟張鑑等《雷塘庵主弟子記》、王章濤《阮元年譜》叙阮氏之生平，支偉成《清代樸學大師列傳》、張舜徽《清儒學記》爲立專傳述阮氏之學術，皆可參考。

曾子，名參，字子輿，春秋戰國間魯國南武城人。孔子弟子，少孔子 46 歲。約生於前 505 年，卒於前 435 年。父曾點，字晳，亦事孔子。曾子爲人孝悌，博通於禮。注重内省，一貫忠恕。舊説以爲曾子輯《論語》，作《孝經》，述《大學》，著《曾子》。於孔門學術之傳承，厥功至偉。宋朱熹祖述二程，即於《四書章句集注》確立孔、曾、思、孟的儒家道統説。

《漢書·藝文志》儒家類著録"《曾子》十八篇"，班固自注云："名參，曾子弟子。"《隋書·經籍志》著録作"《曾子》二卷《目》一卷"，《舊唐書·經籍志》《新唐書·藝文志》則作"《曾子》二卷"。《群書治要》《意林》録《曾子》文，皆見於今《大戴禮記》。蓋漢儒輯撰《大戴禮記》，著録《曾子》十八篇之大部。而《曾子》單行之書，始亡於六朝之際。逮及宋朝，則全書散佚。宋人開輯注《曾子》之途，汪晫、趙汝騰、宋鳴梧、戴良齊、劉清之等皆輯有《曾子》，而尤以汪氏書爲著。其輯撰《曾子全書》，搜羅《孝經》《禮記》《大戴禮記》《論語》《孟子》《荀子》《孔子家語》《孔叢子》《韓詩外傳》《説苑》等先秦兩漢文獻中有關曾子言行之材料，臆立篇題，重定章句，《四庫全書總目》本書提要譏其爲"自我作古"。楊簡作《曾子注》二卷，見録於陳振孫《直齋書録解題》。其本出於《大戴禮記》，惜今不傳。

清代經學昌明，從事《曾子》輯注之學者，尤勝前代。孔廣森《大戴禮記補注》、王聘珍《大戴禮記解詁》、汪照《大戴禮記注補》等皆通注《大戴禮記》，其中《曾子》十篇亦得注釋。至阮元《曾子注釋》四卷《叙録》一卷、魏源《曾子章句》一卷、顧宗伊《曾子古本輯注》五卷、雷柱《曾子點注》二卷、馬景濤《大戴禮記曾子義疏》十卷、邵懿辰《曾子大孝編注》一卷等，則皆從事專門之業者，而尤以阮氏書爲著。

阮元以爲曾子親受業於孔子，其言無異於孔子，能傳孔子之學術。且其修身慎行，忠實不欺，能通孝道，善得孔子道統。《曾子》之學術價值與地位當與《論語》同，不宜與記書雜録并行。故阮氏於乾隆五十八年(1793)始治《大戴禮記》，注釋其中《曾子》十篇，而書成於嘉慶三年(1798)。

是書又名《曾子十篇》，或《曾子十篇注釋》。書首《叙録》一卷，簡述本書撰述緣由，歷叙史志目録及官私目録著録《曾子》之概況，略述《曾子》研究之學術史，并當時《曾子》研究之現狀。卷一至卷四爲《曾子》十篇注釋，其體例是於《曾子》篇題或文句下標"注"，解釋篇題，訓釋詞語，串講章句大意等。注下標"釋曰"，略述注文出處，明晰句讀，校正文字，考證詞義，考據史實等。結構謹嚴，頗得著述之體。而注文博考群書，擇采諸家注釋。或以經解經，或用古注。不盡廢北周盧辯注，而采時人孔廣森之説尤多。

阮氏《曾子注釋》的學術價值主要在四個方面。一是《曾子》經阮氏注釋後，始成爲可讀之善本。《大戴禮記》向隱於十三經後，研習者稀。即有盧辯之注，訛誤差多，亦幾不可讀。而《曾子》自散佚後，雖有宋汪晫等輯本，要非《曾子》原書之舊。清戴震校理《大戴禮記》，孔廣森補注《大戴禮記》，《曾子》十篇及盧辯注始可讀。至阮氏校勘注釋《曾子》，發明孔曾學説，《曾子》學説之精義始得呈現。其弟子嚴杰云："《曾子》一書，歷代著録，惜佚而不傳。宫保師據《大戴記》所載爲之注釋，正諸家之得失，辨文字之異同，可謂第一善册。

師於中西天算考核尤深,《天員》一篇,更非他人之所能及也。"(《皇清經解》卷八〇六)其説良是,殆非虚譽。二是可以考察孔子、曾子的政治思想與學術方法。一方面,阮元揭橥曾子的孝行觀與實踐論,以爲《曾子》十篇與《孝經》相表裏,故釋《曾子》"一貫"之"貫"爲"行事",將孔子、曾子的孝行觀轉化爲實踐論。且孝雖爲仁之本,然并非虚妄,乃是可以實踐的。上自君卿大夫,下至士庶百姓,皆當以實踐孝行爲要務。另一方面,阮元注釋中反復申明曾子純篤、博通的思想,以爲研習孔子思想,當自《曾子》始,而學者修身與治學之基礎即在博學。三是可以考察阮元的學術思想與學術方法。阮元在清代揚州學派中具有重要的學術地位,而《曾子注釋》在阮元的學術著作中具有重要的學術地位,其《孝經解》《論語解》《論語一貫説》《大學格物説》《論語論仁論》《孟子論仁論》等重要文章皆以此書之説爲本。阮氏之説雖未必盡契於孔、曾,而其於發明孔、曾學説之功,則不可小視。且其所用訓詁及校勘方法,亦能通貫後來其所作《十三經注疏校勘記》等。四是可以考察清代中西學説交流的概況。《曾子天員》篇大量引用中西天文學説解釋"天圓地方"説,反映出當時中西學術交流的情況及當時學者對西學的態度。

是書版本主要有五種。一是嘉慶三年(1798)浙江學使院刊本。阮元注釋《曾子》成,即付梓刊刻。書刻成後,版藏於揚州福壽庭。此爲該書最早之刻本,今已不多見。二是嘉慶、道光間《皇清經解》本。三是道光二十五年(1845)揅經室刊《文選樓叢書》本。道光二十三年(1843)三月,揚州福壽庭遭火災,刻版毁於一旦。道光二十五年(1845)冬,阮元命其門生劉文淇、王翼鳳同校該書,刻入《文選樓叢書》中。四是嚴式誨輯刻《曾子四種》本。五是《叢書集成初編》據《文選樓叢書》排印本。《文選樓叢書》本半頁9行,行20字,小字雙行同。單黑魚尾,白口,左右雙邊。版心記"曾子注釋",魚尾下記卷數,又下記當卷頁碼。其《敘録》後附劉文淇、王翼鳳校勘識語,敘此書刊刻及校對事迹。卷一至卷四"注""釋曰"皆以陰文出之,而於文句皆加有點讀。此爲阮氏最後之定本,刊刻最精,故選作底本。《皇清經解》本没有《敘録》一卷,而阮氏注釋則具有校勘價值,故取作參校本。

原書没有目録,今據全書内容製作了一個詳細目録,爲讀者提供便利。

曾子十篇叙録一卷

元謹案，百世學者皆取法孔子矣，然去孔子漸遠者，其言亦漸異。子思、孟子近孔子而言不異，猶非親受業於孔子者也。然則七十子親受業于孔子，其言之無異於孔子而獨存者，惟《曾子》十篇乎？曾子修身慎行，忠實不欺，而大端本乎孝。孔子以曾子爲能通孝道，故授之業，作《孝經》。今讀《事父母》以上四篇，實與《孝經》相表裏焉。患之小者，豪髮必謹；節之大者，死生不奪。窮極禮經之變，直通天律之本，莫非傳習聖業，與年竝進，而非敢恃機悟也。且其學與顔、閔、游、夏諸賢同習，所傳于孔子者，亦絕無所謂獨得道統之事也。竊以曾子所學較後儒爲博，而其行較後儒爲庸。顔子曰："博我以文，約我以禮。"孔子曰："庸德之行，庸言之謹。"然則魯哀公年間齊魯學術可以概見，後世學者當知所取法矣。元不敏，于曾子之學，身體力行，未能萬一。惟執復《曾子》之書，以爲當與《論語》同，不宜與記書雜録竝行。爰順考十篇之文，注而釋之，以就正有道，竊謂從事孔子之學者當自《曾子》始。

曾子立事第一。元案，曾子，日省其身者也。此篇所言，皆修身之事。宋高氏似孫、王氏應麟所據篇目皆爲《修身》，今本作《立事》者，《大戴》本與高、王所見本不同也。兹仍《大戴》舊題。又《大戴》十篇皆冠以"曾子"者，戴氏取《曾子》之書入于雜記之中，識之，以别於他篇也。今以《大戴》所收《曾子》爲據，故標題仍冠"曾子"二字。

曾子本孝第二

曾子立孝第三

曾子大孝第四

曾子事父母第五

曾子制言上第六

曾子制言中第七

曾子制言下第八

曾子疾病第九

曾子天員第十

《漢書・藝文志・儒家》："《曾子》十八篇。名参，孔子弟子。"

《隋書・經籍志・儒家》："《曾子》二卷。《目》一卷。魯國曾参撰。"

《舊唐書・經籍志・儒家》："《曾子》二卷。"

《新唐書・藝文志・儒家》："《曾子》二卷。曾参。"

《宋史・藝文志・儒家》："《曾子》二卷。"

右見於正史目録者五。

王堯臣等《崇文總目》："《曾子》二卷。"

晁公武《郡齋讀書志》曰："《曾子》二卷。曾子者，魯曾参也。舊稱曾参所撰，其《大孝》篇中乃有樂正子春事，當是其門人所纂耳。《漢藝文志》'《曾子》十八篇'，《隋志》'《曾子》二卷，《目》一卷'，《唐志》'《曾子》二卷'。今此書亦二卷，凡十篇,蓋唐本也。有題曰'傳紹述本',豈樊宗師歟?視《隋》亡《目》一篇。考其書已見於《大戴禮》。漢有《禮經》七十篇,后氏、戴氏《記》百三十一篇,七十子後學者所記。是時未有大、小戴之分,不知《曾子》在其中歟否也。予從父詹事公嘗病世之人莫不尊事《孟子》,而知子思《中庸》者蓋寡。知子思《中庸》者雖寡,而知讀《曾子》者,殆未見其人也。是以文字回舛繆誤。乃以家藏《曾子》與温公所藏《大戴》參校,頗爲是正,而盧注遂行於《曾子》云。"

鄭樵《通志·藝文略》曰:"《曾子》二卷,《目》一卷,曾參撰。"

章俊卿《山堂考索》曰:"《曾子》今十篇,自《修身》至《天員》,皆見於《大戴禮》,蓋後人摭出而爲《曾子》。"

陳振孫《直齋書録解題》曰:"《曾子》十卷,凡十篇,具《大戴禮》,後人從其中録出别行。慈湖楊簡注。"

高似孫《子略》曰:"曾參與公明儀、樂正子春、單居離、曾元、曾華之徒講論孝行之道,天地事物之原,凡十篇,自《修身》至於《天員》已見於《大戴禮》,篇爲四十九至五十八。他又雜見於《小戴禮》,略無少異。"

王應麟《漢書藝文志考證》曰:"《曾子》十八篇,《隋》《唐志》二卷,參與弟子公明儀、樂正子春、單居離、曾元、曾華之徒論述立身孝行之要、天地萬物之理。今十篇,自《修身》至《天員》皆見於《大戴禮》,於篇第爲四十九至五十八。蓋後人摭出爲二卷。"

馬端臨《文獻通考·經籍考》:"《曾子》二卷。"

元吴澄《文正公集》曰:"豫章周遏《古曾子》十篇,參合諸本,訂其同異,明其音訓。"

朱彝尊《經義考》:“梅文鼎《曾子天員篇注》一卷,存。”元案,杭世駿《道古堂集·梅文鼎傳》亦著録此篇。元從梅氏後人訪之,云已散入《天算叢書》中,未有專書單行也。

右見於諸家著録者十。以上皆據舊本。

《四庫全書提要》曰:“《曾子》一卷。宋汪晫編。晫字處微,績溪人。是書成於慶元、嘉泰間。咸淳十年,其孫夢斗與《子思子》同獻於朝廷,得贈通直郎。考《漢志》載《曾子》十八篇,《隋志》有《曾子》二卷,《目》一卷,《唐志》亦載《曾子》二卷。晁公武《郡齋讀書志》著録二卷十篇,稱即唐本。高似孫《子略》稱其與《大戴禮》四十九篇至五十八篇及雜見《小戴記》者無異同,後人掇拾以爲之。陳振孫《書録解題》并稱有慈湖楊簡注。是宋時元有《曾子》行世,殆晫偶未見,故輯爲此書。凡十二篇,《仲尼閒居》第一,《明明德》第二,《養老》第三,《周禮》第四,《有子問》第五,《喪服》第六,中闕第七、第八,《晋楚》第九,《守業》第十,《三省身》第十一,《忠恕》第十二。《明明德》獨標云‘内篇’,《養老》以下皆標‘外篇’,而《仲尼閒居》不言内外。疑本有‘内篇’字,而傳寫佚之也。其第一篇即《孝經》,而削去經名,别爲標目,未免自我作古。第二篇即《大學》。考自宋以前有子思作《大學》之傳,而無曾子作《大學》之説。歸之曾子,已屬疑似。又改其篇目,與前篇武斷亦同。至外篇十篇,亦往往割裂經文,以就門目。如《曾子問》‘師行必以遷廟主行乎’至‘老聃云’,孔疏曰‘此一節論出師當取遷廟主’,論其常也。‘師行無遷主’,又籌其變也。二問相承,義實相濟,故孔疏通爲一節。今割‘古者師行無遷三'至'蓋貴命也'入《周禮》節，割'古者師行必以遷廟主行乎'至'老聃云'入《喪服》篇，文義殆爲乖隔。若云以其文有涉喪服，是以分屬，則《周禮》篇内又明載'三年之喪弔乎'數節，爲例尤屬不純。然漢本久逸，唐本今亦未見，先賢之佚文緒論頗可借此以考見，則過而存之，猶愈於過而廢之矣。卷首冠以夢斗進表，稱有晫《自序》，而此本佚之，僅有元汪澤民、俞希魯、翟思忠、明朱文選《序》四篇，明詹潢《後序》一篇，皆合二書稱之，蓋晫本編爲一部也。今以前代史志二子皆各自爲書，故分著於録焉。"元案，晫雜采《曾子立事》前五篇，自《曾子制言》以下皆采録不全。

明焦竑《國史經籍志》曰："《曾子》二卷，寶祐時趙汝騰編。"

宋王應麟《小學紺珠》曰："《曾子》七篇，《内篇》一，《外篇》《雜篇》各三，劉清之子澄集録。"

元吴澄《文正公集》曰："宋清江劉清之病《曾子》之粹非十篇所該，别輯《新曾子》七篇，篇分内、外、雜，朱子識其卷首。"

明王圻中《續文獻通考》曰："《曾子遺書》，戴良輯。"

倪燦《宋史藝文志補・儒家類》："戴良集《曾子遺書》。"①

黄虞稷《千頃堂書目》："章樵集《曾子》十八篇。"元案，又載國朝倪燦《宋史藝文志補》。

徐乾學《傳是樓書目》曰："《曾子》一本，宋鳴梧編。《曾

① "集"，《廣雅書局叢書》本《宋史藝文志補》作"齊"。按，戴良齊字彦肅，黄巖人。宋嘉熙間進士，累官秘書少監。著有《中説辨妄》《曾子遺書》《論語外書》等。事迹具《浙江通志》卷一七六。此處阮元似從王圻《續文獻通考》著録改。

子全書》二卷,元曾承業編。"元案,《四庫全書》附存目録,作"《曾子全書》三卷,明曾承業編"。承業蓋元末明初人。"《曾子志》六卷,曾承業編。《子曾子》二卷,元徐左達編。"元案,《曾子志》今寧波天一閣尚存其書。

右九家皆後人雜采他書,以意編集,非《曾子》原文。

元案,《漢志》載《曾子》十八篇,此先秦古書,爲第一本。《隋志》據阮孝緒《七録》,稱《曾子》二卷,連《目録》三卷,爲六朝以前舊本。或十八篇,或十篇,無明文。此第二本。《新》《舊唐書》皆作二卷,較《隋志》亡《目録》一卷,其篇數亦不可考,爲第三本。晁氏公武據唐本十篇,文蓋與《大戴記》同。有題"紹述本"者,紹述即樊宗師名。此昭德所據唐本,爲第四本。昭德之從父詹事公病其文字回舛,以家藏《曾子》與温公所藏《大戴禮》參校是正,并盧辯注。此宋人以單行《曾子》及《大戴》合校本,爲第五本。楊氏簡即十篇之文而注之,此宋人新注,爲第六本。今第一篇爲《立事》,而高氏、王氏所見首篇皆作《修身》,與今書不同。此第七本。《崇文總目》《通志略》《文獻通考》《山堂考索》《宋史·藝文志》等書皆載《曾子》二卷,蓋同爲一書。此第八本。周遏《曾子音訓》十篇,此第九本。以上九本,惜皆失傳,無從參校。今之所據,惟《大戴記》中十篇耳。其自汪晫以下九家,雜采他書,割裂原文而爲之。今附録於後,不足數也。近時爲《大戴》之學者,有仁和盧召弓學士文弨校、盧雅雨運司見曾刻本,有休寧戴東原吉士震校刻武英殿聚珍板本,有曲阜孔撝約檢討廣森《補注》本,有高郵王懷祖給事念孫、江都汪容甫拔貢中在朱竹君學使筠署中同校本,有歸安丁小雅教授杰校本。元今所注《曾子》仍據北周盧僕射之書，博考群書，正其文字，參以諸家之説，擇善而從；如有不同，即下己意，稱名以别之。至於文字異同及訓義所本，皆釋之，以明從違之意。又嘗博訪友人，商榷疑義，説之善者，擇而載之。時嘉慶三年戊午夏六月，儀徵阮元叙録於浙江使院之揅經室。

道光二十五年乙巳冬十一月重刊。

謹案，《北周書・盧辯傳》："辯字景宣，范陽涿人。舉秀才，爲太學博士。累遷尚書右僕射，進位大將軍，後出爲宜州刺史。以《大戴禮》未有解詁，辯乃注之。其兄景裕爲當時碩儒，謂辯曰：'昔侍中注《小戴》，今爾注《大戴》，庶纂前修矣。'"《藝文志》載《曾子》十八篇久逸，今所傳之十篇乃後人從《大戴》分出者。晁公武《郡齋讀書志》云："有題曰'紹述本'者，豈樊宗師歟？"案《新書・樊澤傳》："澤，河中人。子宗師，字紹述。始爲國子主簿。元和三年，擢軍謀宏遠科，授著作佐郎，歷金部郎中、綿州刺史，徙絳州。"韓昌黎爲作墓志，稱其著述甚多。是時未有刻本，晁氏所云"紹述本"者，或傳鈔之本歟？嘉慶戊午，儀徵相國注釋是書，刊於浙江使院，板藏楊州福壽庭，燬於火。乙巳冬，以初印本重刊，命門下晚生劉文淇、王翼鳳同校并識。

曾子十篇卷一

揚州阮元注并釋

曾子立事

【注】曾子，孔子弟子，名參，子子輿。許慎讀"森"若"曾參"之"參"，晋灼讀"參"爲"宋昌參乘"之"參"，音近義同。曾子，魯南武城人，少孔子四十六歲。孔子以爲能通孝道，故授之業，作《孝經》。《立事》者，曾子弟子所題篇名。此篇皆論博學篤行、慎言遠患、善義忠信，事君父、敬師長、交朋友、教子弟之事，不爲空言高論，惟以實事立訓，故曰"立事"。《大戴禮記》弟四十九，今爲《曾子》第一。**【釋曰】**高似孫《子略》、王應麟《漢書藝文志考證》竝引《曾子》首篇作《修身》，與今異者，《大戴》篇目與古單行《曾子》本不同也。《説文》"森"字："讀若'曾參'之'參'。所林反。"晋灼又讀爲"參乘"之"參"，初三反者，古音相近，不假分别。所林、初三二反，皆取"三人同輿"之義。參星亦以三星相連得名。晋灼所讀，見高氏《子略》。武城有二，南武城在今山東嘉祥縣之南。徒言"武城"，則在今山東費縣西南，《孟子》所言"曾子居武城"，乃費縣也。《史記》所言"曾子，南武城人"，乃嘉祥也。今曾子後裔，列四氏學、襲博士者，皆居嘉祥。祠廟亦在嘉祥。作《孝經》，見《史記》。

曾子曰：君子攻其惡，**【注】**孔子曰："攻其惡，無攻人之惡。"求其過，**【注】**盧僕射辯云："省其身。"强其所不能，去私欲，從事於義，可謂學矣。【注】"不能"者，難學之事。强，勉强也。去私欲，從義，公也。故學無私黨，不是其所能，攻所不能。【釋曰】《大戴·官人》篇曰："强其所不足。"君子愛日以學，及時以行，【注】孔檢討廣森云："學如不及，唯日不足。"元謂：及時，及少壯時也。【釋曰】馬總《意林》作"及時而成"。知少壯時者，本篇云："三十、四十之間而無埶，則無埶矣。五十而不以善聞，則無聞矣。"難者弗辟，易者弗從，唯義所在，【注】學者患求高名，而畏避難能之事。故君子苟知義之所在，雖難，必勉强行之。若事易行而可立虚名者，君子不爲也。【釋曰】孔檢討云："辟，音避。"元案，文瀾閣本作"難者勿辟"。日旦就業，【注】《曲禮》曰："所習必有業。"【釋曰】《文選·閒居賦》注引此二句無"日"字，《群書治要》"旦"作"且"。今不從。夕而自省，【注】省，察也。曾子曰："吾日三省吾身。"《國語》曰："士朝而受業，晝而講貫，夕而習復，夜而計過，無憾而後即安。"【釋曰】"省"訓本《爾雅》。思以歿其身，亦可謂守業矣。【注】思將終身行之，若"子路終身誦之"是也。【釋曰】聚珍板訛"業"爲"義"。君子學必由其業，問必以其序。問而不決，承閒觀色而復之。雖不説，亦不强争也。【注】《曲禮》曰："請業則起。""曾子問王言，孔子不應。曾子懼，肅然摳衣下席，曰：'弟子知其不孫也，得夫子之閒也難，是以敢問也。'孔子不應。曾子懼，退，負序而立。孔子曰：'參，汝可語明王之道與？'曾子曰：'不敢以爲足也，得夫子之閒也難，是以敢問。'"此"承閒復問"之義也。【釋曰】《王言》，見《大戴記》首篇。君子既學之，患其不博也。【注】博，大通也。孔門論學，首在於博。孔子曰："君子博學於文，約之以禮。"達巷黨人以博學深美孔子。孔子又曰："博學之，審問之。"顔子曰："夫子循循然善誘人，博我以文，約我以禮。"子夏曰："博學而篤志。"孟子曰："博學而詳説之。"故先王遺文，有一未學，非博也。曾子博學，罕可見知。然如今《儀禮》十七篇，儒者已苦難讀。曾子時禮經在魯，篇弟必十倍於今，而《曾子問》一篇，皆窮極變禮，非曾子不能問，非孔子不能荅。然則正禮無不學習可知，此博學可窺之一端。故聖賢之學，不避難以就易，不避實以蹈虛，故顏、曾文學之博，同於游、夏，但不以此成名，與孔子同。故曾子聰明睿智，惟孔子可稱爲“魯”。【釋曰】“博”訓本許氏《説文》。既博之，患其不習也。【注】曾子自省曰：“傳不習乎？”孔子曰：“學而時習之。”《學記》曰：“視博習。”既習之，患其不知也。既知之，患其不能行也。既能行之，患其不能以讓也。【注】盧僕射云：“貴不以己能而競於人。”【釋曰】《周髀算經》：“陳子曰：‘夫道術所以難通者，既學矣，患其不博。既博矣，患其不習。既習矣，患其不能知。’”《説苑・説叢》篇曰：“君子博學，患其不習。既習之，患其不能行之。既能行之，患其不能以讓也。”日本國唐魏徵《群書治要》引《曾子》作“既習之，患其不知也”，今從之，今各本皆作“無知也”。《群書治要》又作“既能行之，患其不能以讓也”，此唐初古本，今亦從之，今本皆作“貴其能讓也”。君子之學，致此五者而已矣。【注】致，致密也。【釋曰】“致”訓本《禮器》鄭氏注。君子博學而孱守之，【注】孱，连也。曾子美顏子曰：“以能問於不能，以多問於寡，有若無，實若虛。”孟子曰：“曾子守約。”【釋曰】《説文》：“孱，连也。”连小乃博之反，若訓“謹”，義與此遠。《群書治要》“孱”作“淺”，注云：“《大戴》‘淺’作‘孱’。”微言而篤行之，【注】篤，厚也。孔子曰：“篤行之。”【釋曰】“篤”訓本《爾雅》。“孔子曰‘篤行之’”，本《中庸》。徐幹《中論・貴驗》篇引“微言而篤行之”，以爲孔子之言。行欲先人，言欲後人。【注】盧僕射云：“君子欲訥於言，而敏於行。”【釋曰】《群書治要》作兩“欲”字，今本皆作兩“必”字。君子終身守此悒悒。【注】悒悒，不安也。【釋曰】“悒”訓本《説文》。閣本“悒悒”下有“也”字。行無求數，有名；事無求數，有成。【注】盧僕射云：“數，猶促速。”元謂行無避難急名之心，不求促速而自有名；事無徇私欲速之心，不求促速而自有成。孔子曰：“無欲速，欲速則不達。”曾子曰：“君子功先成而名隨之。”【釋曰】曾子言，見《説苑·雜言》篇。身言之，後人揚之；身行之，後人秉之。【注】揚之，謂揚其名。《孝經》曰：“立身行道，揚名於後世，以顯父母。”秉，執也。秉之，謂執其成。《詩》曰：“誰秉國成。”《孝經》曰：“君子言思可道，行思可樂，德義可尊，作事可法。”【釋曰】“秉”訓本《爾雅》。君子終身守此憚憚。【注】憚憚，勞心也。【釋曰】“憚”與“怛”通，《詩·齊風》曰：“勞心怛怛。”閣本“憚憚”下有“也”字。君子不絶小，不殄微也，【注】微，幽也。盧僕射曰：“殄，亦絶也。”元謂人有小學微善，皆知而稱之。【釋曰】《爾雅》：“幽，微也。”行自微也，不微人。人知之，則願也；【注】微，匿也。善行可秉，故願人知。【釋曰】《爾雅》：“微，匿也。”人不知，苟吾自知也。【注】孔檢討云：“屈原曰：‘不吾知其亦已兮，苟余情其信芳。’”元謂孔子曰：“人不知而不愠。”又曰：“不病人之不己知也。”君子終身守此勿勿也。【注】盧僕射云：“勿勿，猶勉勉。”【釋曰】《禮記·祭義》“勿勿乎”，鄭注云：“勿勿，猶勉勉也。”《詩·邶風》“黽勉同心”，《韓詩》作“密勿同心”。《詩·十月之交》“黽勉從事”，《漢書·劉向傳》引作“密勿從事”。“勉”“勿”通也。《説文》：“勿，以趣民，故遽稱勿勿。”是“黽勉”“趣”“遽”司有“勿勿”之義。《制言中》篇曰“無勿勿於賤”，與此義不相背而適相成也。君子禍之爲患，辱之爲畏，見善恐不得與焉，見不善者恐其及己也。【注】與，及也。孔子曰：“見善如不及，見不善如探湯。”【釋曰】“與”訓本《儀禮·士昏禮》鄭氏注。孔檢討云：“與，音豫。”盧注引《論語》作“見惡如探湯”。丁教授杰云：“宋人以‘未善’訓‘惡’，以‘惡’訓‘不善’，等第混淆，盧氏已開其端。”是故君子疑以終身。【注】疑禍辱及身，善不得與，不善及己。君子見利思辱，見惡思詬，【注】恐爲人所辱詬也。詬，罵也。【釋曰】《群書治要》"惡"作"難"，今不從。"詬"訓爲"罵"者，《左・哀八年》"曹人詬之"、《襄十七年》"閉門而詬之"杜注。嗜欲思恥，忿怒思患。【注】徇嗜欲者必得恥，縱忿怒者必及患。孔子曰："一朝之忿忘其身，以及其親。"君子終身守此戰戰也。【注】戰戰，恐也。曾子誦《詩》曰："戰戰兢兢，如臨深淵，如履薄冰。"【釋曰】"戰戰"訓本毛傳。君子慮勝氣，【注】以思慮勝其血氣也。盧僕射云："君子有三戒。"思而後動，論而後行，行必思言之，【注】行此事必可以言之於世。言之必思復之，【注】盧僕射云："《論語》曰：'信近於義，言可復也。'"元謂太叔文子曰："君子之行，思其終也，思其復也。"思復，謂思覆行之，絶無偏敝。【釋曰】文子語見《左・襄二十五年》。"復"義見《論語》孔注。思復之，必思無悔言，【注】覆行若有偏敝，則悔其前言矣。亦可謂慎矣。【注】《緇衣》孔子曰："故言必慮其所終，而行必稽其所敝，則民謹於言，而慎於行。《詩》云：'慎爾出話，敬爾威儀。'"人信其言，從之以行；人信其行，從之以復。【注】從之復行，無偏敝。復宜其類，【注】宜，讀若《詩》"宜爾子孫""宜其家人"。類，謂朋類，即信言行之人。《孝經》引《詩》曰："孝子不匱，永錫爾類。"類宜其年，【注】年，謂久遠可行也。《孝經》曰："非先王之法言不敢道，非先王之德行不敢行。"先王言行傳今久矣，君子言行信今傳後，亦如之。【釋曰】閣本"年"作"言"。案，盧注此引《詩》"樂只君子，萬壽無期"，則周時盧所見本是"年"字，閣本誤也。亦可謂外内合矣。【注】行内言外。孔子曰："君子言顧行，行顧言。"君子疑則不言，未問則不言，【注】疑者闕之，故孔子曰："吾猶及史之闕文也。""多聞闕疑，慎言其餘，則寡尤。"未問不言者，孔子曰："不憤不啓，不悱不發。"【釋曰】《荀子・大略》篇襲此，訛作"未問則不立"。兩問則不行其難者。【注】善問者如攻堅木，先其易者，後其節目。善待問者如撞鐘，叩之以小者則小鳴，叩之以大者則大鳴。故待問者如有兩問，亦不先以難者强之行。【釋曰】"攻木""撞鐘"二義，本《禮記·學記》。君子患難除之，財色遠之，流言滅之。【注】流者，無根源之謂，若管叔流言於國。【釋曰】"無根源"義，本《荀子·致士》篇"流言、流説、流事、流謀、流譽"楊倞注。禍之所由生，自孅孅也，是故君子夙絶之。【注】孅，鋭細也。孔檢討云："夙，早也。"金人之銘曰："涓涓不壅，終爲江河。豪末不札，將尋斧柯。"【釋曰】"孅"訓本《説文》。《漢書·食貨志》曰："古之治天下，至孅至悉。"《荀子·大略》篇襲此，曰："流言滅之，貨色遠之。禍之所由生也，生且孅孅也，是故君子蚤絶之。""孅"从糸。君子已善，亦樂人之善也；已能，亦樂人之能也。【注】《秦誓》所謂"人之有技，若己有之"。反是，"則娼嫉以惡"。已雖不能，亦不以援人。【注】援，引也。己雖不能，望人能之。反是，則引人同入於不能。忌人之長，恐形己短。【釋曰】"援"訓本《説文》。君子好人之爲善而弗趣也，【注】盧僕射曰："不促速之。"元謂恐其畏難反退，故曰"優而柔之，使自求之"。【釋曰】"優柔"二句，本《大戴記·入官》篇。《群書治要》"趣"作"趍"。惡人之爲不善而弗疾也。【注】孔子曰："人而不仁，疾之已甚，亂也。"故顯加人以小人之名，又不能退，退而不能遠，徒疾之太甚者，必激爲亂。【釋曰】《後漢書·郭太傳》注引鄭君康成《論語注》曰："不仁之人，當以風化之。若疾之已甚，是益使爲亂也。"案，此有鑒於漢末黨禍爲言，唐、宋、明之禍同之。疾其過而不補也，【注】疾其過者，君子自病其過也。王編修引之云："補，讀爲遂。遂古文䢞，字形相近之訛也。賈誼《過秦論》曰：'始皇遂過而不變。'"【釋曰】盧注云："補，謂改也。"此語與下"補則不改矣"相背。且以"疾其過"之"其"字屬人不屬己，則此意又與上"惡人之爲不善而弗疾也"相背。又此句"而"字爲反轉，與下句"而不伐也""而"字例同。故元謂此二句乃君子自治之力，與篇首"君子攻其惡,求其過”二“其”字屬君子己身而言之例同。朱學士筠謂“補,猶文也”,此訓無據,王説較確。誧字,《説文》古文。飾其美而不伐也。【注】《檀弓》:“曾子有盡飾之道。”《禮器》曰:“禮飾回增美質。”有功曰伐,故自美其功曰伐。【釋曰】《左·莊二十八年》“且旌君伐”,注:“伐,功也。”伐則不益,補則不改矣。【注】自稱其美,則無進益;自遂其過,則不改悔。顔子曰:“願無伐善。”孔子曰:“過而不改,是謂過矣。”【釋曰】盧學士文弨謂此句當作“補則不復矣”,亦誤解“補”字也。君子不先人以惡,不疑人以不信,【注】盧僕射云:“謂不億不信,不逆詐。”不説人之過,【注】説,述也,謂不揚人之過。【釋曰】盧注釋“説”爲“解説”。孔注:“謂彼有過者,方畏人非議。我從而爲之辭説,則彼將無意於改,是成人之過矣。”元案,此取義太深,非曾子本意也。訓“説”爲“述”,義本《釋名》。又案,盧注四字,元本無,盧學士據程榮本增入。而成人之美,【注】孔子曰:“君子成人之美,不成人之惡。”【釋曰】《群書治要》有“而”字,今本皆無。存往者,在來者,【注】盧僕射云:“在,猶存也。”孔檢討云:“存、在,皆察也。察人往行來行,知其過改否。”【釋曰】“存”“在”訓“察”,本《爾雅》。朝有過,夕改則與之。夕有過,朝改則與之。君子義則有常,善則有鄰。【注】與,許也。有常,無變更也。盧僕射云:“德不孤。”【釋曰】“與”訓見《漢書·司馬遷傳》注。見其一,冀其二;見其小,冀其大。苟有德焉,亦不求盈於人也。【注】孔檢討云:“雖冀人爲善之心無窮,然其人止有小德一善者,亦不責難求備。”君子不絶人之歡,不盡人之禮。【注】《曲禮》曰:“君子不盡人之歡,不竭人之忠,以全交也。”來者不豫,往者不慎也。【注】凡事豫則立,不豫則廢。今來者之事不能豫立,由於不知戒慎往事,故孔子曰:“往者不悔,來者不豫。”【釋曰】孔子言,見《儒行》。戴校從方本改“慎”作“瞋”,非是。去之不謗,【注】去友不毀,去國不怨。就之不賂，【注】不以利交，不以禄仕。亦可謂忠矣。【注】忠於君友，即夫子貫行忠恕之道。君子恭而不難，安而不舒，遜而不諂，寬而不縱，惠而不儉，直而不徑，亦可謂無私矣。【注】難、舒、諂、縱，乃恭、安、遜、寬之過也。尚儉者，罕能惠也；欲惠于人，不能儉也。徑，如句股之弦也。【釋曰】《周禮·野廬氏》"掌縣之横行徑逾者"。"徑"亦有"直"義。但路之方正者必迂遠，若如句股取弦之邪直爲徑，則速捷。故鄭氏注曰："徑逾，射邪趨疾，越堤渠也。"各本皆作"亦可謂知矣"。舊校云："知，一作'無私'。"閣本作"無私矣"，義長，今從之。君子入人之國，不稱其諱，不犯其禁，【注】盧僕射云："諱，國諱。禁，國禁。"孔檢討云："故獻子譏於具敖，孟氏問於麋鹿。"【釋曰】具敖，見《晋語九》及《左·桓六年》。不服華色之服，【注】天子、諸侯、卿大夫、士之服皆有采色，不貴質也。華者，奢僭之服。故曾子寢疾，臥大夫華簀，易之乃歿。《孝經》曰："非先王之法服不敢服。"【釋曰】知"華"爲奢僭，引《檀弓》以證之者，以下"奢倨"知之。不稱懼惕之言。【注】懼惕，危厲也，言其國之隱患也。孔子曰："邦有道，危言危行；邦無道，危行言孫。"【釋曰】包咸《論語注》曰："危，厲也。"故曰："與其奢也，寧儉；與其倨也，寧句。"【注】"句"義見《考工記》。孔檢討云："過於矩爲倨，不及矩爲句。"元謂倨者，僭之過也。如朱紘、繡黼、丹朱中衣，皆華色之服，奢而倨也。【釋曰】孔檢討云："句音鉤。"可言而不信，寧無言也。【注】徒稱懼惕之言，其國不信，反致禍患。曾子曰："入是國也，言信乎群臣，則留可也。"【釋曰】自"故曰"至"言也"，三句相連，上二句冒"華色之服"爲言，下一句冒"懼惕之言"爲言。曾子語，見《説苑·説叢》篇。君子終日言，不在尤之中；小人一言，終身爲罪矣。【注】《孝經》曰："言滿天下無口過。"【釋曰】《群書治要》"罪"下有"矣"字，各本皆無。君子亂言而弗殖，【注】殖，生長也。【釋曰】"殖"訓本《左·昭十八年》杜注。"弗",閣本作"勿"。神言弗致也,【注】盧僕射云:"怪、力、亂、神,子所不語。"元謂致,如送詣也。【釋曰】"致"訓本《説文》。《春秋·成九年》"如宋致女",明人本"言"下有"而"字。道遠日益云。【注】"云",乃"矣"字之誤。《荀子》襲此語作"矣"。楊倞云:"爲道久遠,自日有所益。"《曾子疾病》篇曰:"與君子游,如長日加益,而不自知也。"其言"日益",義與此同。【釋曰】各本皆有"云"字,馬驌《繹史》引此,①妄删"云"字,戴校從之,非是。《荀子》語,見《大略》篇。衆信弗主,靈言弗與,【注】盧僕射云:"僉議所同,不爲主。"元謂位非君卿,不當主衆信。極知鬼神曰靈。與,讀如"百工與居"之"與"。【釋曰】"靈",戴從《大典》改作"黔"。注"靈"義本《逸周書·謚法解》。"與"讀,見《考工記》,音豫。人言不信不和。【注】孔檢討云:"和,讀'唱和'之'和'。"君子不唱流言,不折辭,【注】孔子曰:"大人不倡游言。"折,如"折獄"之"折",窮折人之辭也。【釋曰】孔子言,見《緇衣》。"流""游"古字通借。不陳人以其所能。【注】陳,列也。多列所能,示人也。【釋曰】"陳"訓見《玉篇》。言必有主,行必有法,【注】有主有法,如曾子主法孔子。親人必有方。【注】方,猶常也。有子曰:"因不失其親,亦可宗也。"【釋曰】"方"訓本《集解》引《論語》"游必有方"鄭注。多知而無親,【注】孔檢討云:"知,所知也。言泛愛衆,而不能親師。"【釋曰】"多知"以下三句,《荀子·大略》篇襲之。博學而無方,【注】方,猶常也。博學而無常,則徒博無主法矣。好多而無定者,君子弗與也。【注】好學雖多,遷徙無定,用心躁也。君子多知而擇焉,博學而算焉,【注】知人雖多,所親必擇。學執雖博,所行必算。算,選也,撰也。曾皙曰:"異乎三子者之撰。"【釋曰】"算"字與"選""撰"義通。《漢書·公孫賀傳》《車丞

① "驌",原作"繡",據《文淵閣四庫全書》本《繹史》改。

相傳》竝引《論語》作“斗筲之人何足選”。《詩》“不可選也”，傳訓爲“數”，亦“算”義也。《周禮・大司馬》“撰車徒”，後鄭讀爲“算”。故《論語》“三子之撰”，“撰”亦爲選擇學術之義，與此同也。多言而慎焉。【注】多言者，壯而論議，老而教誨。博學而無行，進給而不讓，【注】博學於文，不能約之以禮，則爲無行之人矣。故君子通儒以爲深戒。給，謂捷給。躁於進者不能讓，將爲小人。小人可與事君也與哉？其未得之也，患得之；既得之，患失之。苟患失之，無所不至矣。【釋曰】“給”訓本《仲尼燕居》鄭注。好直而俓，儉而好傹者，君子不與也。【注】孔檢討云：“俓，即‘徑’字。”元謂徑，弦邪直也。傹，窒塞不通也。過儉者，不通禮。曾子曰：“國儉，則示之以禮。”【釋曰】《史記》“《上林賦》‘俓陵赴儉’”，“俓”字从人，孔所本也。朱高安本作“傹”，各本作“侄”。侄，字書無此字。蓋盧注“傹，窒也”之訓，後因爛脱而顛倒之。閣本作“塞”者，亦“傹”之半字。且據此可知宋以前本作“傹”也。《史記・高祖本紀贊》“救傹，莫若以忠”，“傹”字之義可見矣。曾子“國儉”之語，見《檀弓》。王給事念孫云：“當作‘好儉而侄’，今字倒也。”夸而無恥，强而無憚，好勇而忍人者，君子不與也。【注】夸，張布也。忍人，謂忍於害人。【釋曰】“夸”訓本《漢書・司馬相如傳》注郭璞説。亟達而無守，【注】盧僕射云：“亟，數也。”元謂慕通達者，不能守禮。其敝也，廢事而奢鄙。【釋曰】孔云：“亟，急也，急於求通達。”元案，此義過在求而不在達，今本文中無“求”字，故不從其説。不能守禮之敝，若晋人清言誤國是也。好名而無體，【注】好虚名而無實踐之行。【釋曰】《説文》：“禮，履也。”《大孝》篇曰：“禮者，體此者也。”皆實踐之義。忿怒而爲惡，【釋曰】殿本作“忿怒而無惡”。足恭而口聖，【注】足恭，以足便辟爲恭容也。口聖，自言聖也。《詩》曰：“具曰予聖。”孔子曰：“君子不失足於人，不失色於人，不失口於人。”【釋曰】“足”義本《論語》孔注。孔子言，本《表記》。而無常位者，君子弗與也。【注】無常位，無方，無定也。巧言而無能，小行而篤，難爲仁矣。【注】孔子曰："巧言令色，鮮矣仁。"能，耐也。賢者堅於事，故能也。小行，即子夏所言致遠恐泥之小道。篤，膠也，固也。【釋曰】《説文》能本獸名，以其堅强，故稱能。"能"與"耐"音相轉，故《漢書·晁錯傳》"能寒能暑"，師古注讀"能"爲"耐"。《禮運》"聖人耐以天下爲一家"，鄭注讀"耐"爲"能"也。《爾雅》："篤、膠，固也。"各本皆作"巧言令色，能小行"，惟閣本作"巧言而無能"，閣本是也。各本蓋有缺爛之字，校者臆以"令色"二字補之耳。閣本作"難爲仁矣"，《論語》曾子曰："難與竝爲仁矣。"詞例與此同。各本皆作"於仁"，"於"乃"爲"形近之訛。又案，舊讀皆以"篤"字連下四字斷句，其義難通。嗜酤酒，好謳歌，巷游而鄉居者乎？吾無望焉耳。【注】酤，買也。盧僕射云："《尚書大傳》曰：'古者聖帝之治天下也，五十以下非烝社不敢游飲，唯六十以上游飲也。'"【釋曰】《詩·小雅》"無酒酤我"，箋云："酤，買也。"《淮南·氾論訓》云："出於屠酤之肆。"是此義也。"鄉居"，高安本作"鄉飲"。李章典云："六十以上游飲，即《小戴記·王制》所云：'膳飲從於游，可也。'《周禮·司虣》云：'禁其以屬游飲食於市者也。'"出入不時，言語不序，安易而樂暴，【注】安於簡易，樂於暴戾。懼之而不恐，説之而不聽，雖有聖人，亦無若何矣。臨事而不敬，居喪而不哀，祭祀而不畏，朝廷而不恭，【注】畏於鬼神，恭於君卿。則吾無由知之矣。三十、四十之間而無埶，則無埶矣。【注】埶，六埶，禮、樂、射、御、書、數也。孔子曰："吾不試，故藝。"又曰："吾何執？執御乎？執射乎？"孔子以《詩》《書》、禮、樂、射、御教弟子，蓋三千焉。身通六藝者，七十有七人。今三十、四十之間無埶，則學不能及矣。無埶者，不能學周禮威儀，不能通詩歌鍾律，不能閒習射御，不識六書形聲，不明九章算數。【釋曰】"蓺"字，《説文》本作"埶"，"艸""云"

皆後人所加。“無藝”，閣本兩作“無執”，“埶”之譌也。“即無埶”，《子略》《意林》竝作“則無埶”。今據改爲“埶”。五十而不以善聞，則無聞矣。【注】孔子曰：“四十、五十而無聞焉，斯亦不足畏也已。”【釋曰】舊本脱“則無聞”三字，馬總《意林》、高似孫《子略》及閣本皆有之。聞，去聲。朱子《論語集注》作“則不聞矣”，是讀“聞”爲平聲矣。七十而無德，雖有微過，亦可以勉矣。【注】勉，讀爲免。《漢書・薛宣》《谷永傳》皆以“勉”爲“免”，古字可互借也。可免者，言不足責。【釋曰】閣本作“免”者，汪晫不解，妄改之。其少不諷誦，其壯不論議，【注】《詩》《書》、禮、樂諸藝文皆當諷誦，古今爲學之道當論議。【釋曰】《荀子・大略》篇襲此曰：“少不諷，壯不論議。”其老不教誨，亦可謂無業之人矣。【注】孔子曰：“少而不學，長無能也；老而不教，死無思也。是故君子少思長則學，老思死則教。”【釋曰】孔子之言，《荀子・哀公》篇所引。少稱不弟焉，恥也；壯稱無德焉，辱也；老稱無禮焉，罪也。【注】孔子曰：“幼而不孫弟，長而無述焉。老而不死，是爲賊。”過而不能改，倦也；行而不能遂，恥也；慕善人而不與焉，辱也；弗知而不問焉，固也；【注】倦，罷也。遂，達也。固，謂鄙固。【釋曰】罷，音疲，訓本《説文》。“遂”訓本《月令》鄭注。“固”訓本《哀公問》鄭注。“倦”，殿本改作“傍”。説而不能，窮也；喜怒異慮，惑也；【注】《曾子制言》篇曰：“闇惑終世，是窮民也。”孔子曰：“既欲其生，又欲其死，是惑也。”不能行而言之，誣也；非其事而居之，矯也；【注】矯，詐僞也。【釋曰】“矯”訓本《漢書・高后紀》《嚴安傳》注。道言而飾其辭，虚也；【注】稱道人言，加以虚飾。無益而厚受禄，竊也；【注】不能辭富居貧，尸位受厚禄，是竊矣。【釋曰】元本、程本、殿本皆作“厚受禄”。《晏子・雜篇下》亦有“厚受禄”語。盧校本作“食厚禄”，非也。《荀子・大略》篇襲此云：“無益而厚受之，竊也。”好道煩言，亂也；殺人而不戚焉，賊也。【注】煩，讀爲忿。煩言，忿争之言。《春秋左氏傳》曰："嘖有煩言。"賊，殘賊也。【釋曰】煩、忿一聲之轉，故《本孝》篇曰："煩言不及于己。"《大孝》篇曰："忿言不及于己。"又《左傳·定四年傳》杜注曰："煩言，忿争。"人言不善而不違，【注】盧僕射云："色順之也。"近於説其言；【注】雖非心説其言，而近於説之。説其言，殆於以身近之也；【注】殆，讀如"顏子殆庶幾"之"殆"。孔檢討云："殆，幾也。"元謂説其言，非身爲不善，然近於爲不善。【釋曰】盧注訓"殆"爲"危"，孔注已正之。殆於以身近之，殆於身之矣。【注】近於爲不善，則將身爲不善矣。人言善而色葸焉，近於不説其言；【注】孔檢討云："葸，畏難也。"不説其言，殆於以身近之也；殆於以身近之，殆於身之矣。【注】不説其言，非身爲不善也，然近於爲不善；近於爲不善，則將身爲不善矣。【釋曰】盧僕射注謂次節"近"字當作"遠"字，非也。孔檢討仍讀爲"近"字，是也。蓋兩節以"身近之"皆屬之不善者爲言，非屬之言善、言不善之人也。戴庶常校改"近之"爲"遠之"，"身之"爲"反之"，皆非是。次節"近身"二字，亦同是一意，而略分淺深。若改"近"爲"遠"，則"身"字終難再改。故目者，心之浮也；言者，行之指也。作於中，則播於外也。【注】浮於外，如孟子察人眸子瞭眊。【釋曰】"浮"，《韓詩外傳》作"符"。元本"則"作"而"。故曰以其見者，占其隱者。故曰聽其言也，可以知其所好矣；觀説之流，可以知其術也；【注】占，若卜也。流，謂言流於口。《詩》曰："巧言如流。"盧僕射曰："術，心術也。"久而復之，可以知其信矣；觀其所愛親，可以知其人矣。【注】有子曰："信近於義，言可復也。因不失其親，亦可宗也。"臨懼之，而觀其不恐也；怒之，而觀其不惛也；喜之，而觀其不誣也；【注】盧僕射云："惛，亂也。"王給事念孫云："誣，讀爲輕，字形近而訛也。文王官人之義也。"【釋曰】人喜，則意態輕浮,故《文王官人》篇曰:"喜之,以觀其不輕。"近諸色,而觀其不逾也;飲食之,而觀其有常也。【注】孔子曰:"居處不淫,飲食不溽。"【釋曰】孔子言,見《儒行》。利之,而觀其能讓也。【注】《樂記》曰:"見利而讓,義也。"居哀,而觀其貞也;【注】《謚法》:"外内用情曰貞。"故樂正子春母死,五日不食,曰:"自吾母而不得吾情,吾惡乎用吾情?"【釋曰】謚,本《逸周書·謚法解》。樂正子春事,見《檀弓》。居約,而觀其不營也;【注】約不惑亂,乃爲安貧。【釋曰】《大戴記·文王官人》"煩亂之而志不營"注:"營,猶亂也。"《淮南·精神訓》"物無能營"注:"營,惑也。"勤勞之,而觀其不擾也。【注】擾,煩也。"臨懼"以下,皆文王官人之法,乃人與觀人者適處之境,非觀人者故設之境。【釋曰】宋本作"動",元本作"勤",元本義長。"擾"下,各本有"人"字,衍也。閣本無"人"字,今據删。"擾"訓本《説文》。君子之於不善也,身勿爲可能也,色勿爲不可能也;色也勿爲可能也,心思勿爲不可能也。【注】孔檢討云:"言君子之屏去不善,無所勉强於心、色之間,是人之所難能也。""色也","也"字衍。丁教授杰云:"'也''色'二字易訛。校者正'也'爲'色',而又衍'也'字。"【釋曰】《群書治要》"身勿爲"下有"可"字,從之。今本皆無之。《治要》又無"色也"下八字,"心"下無"思"字,此蓋魏徵删節本文,不可從。太上樂善,其次安之,【注】盧僕射云:"太上,德之最上者。"其下亦能自强也。【注】勉强爲善。【釋曰】《群書治要》有"也"字,今本皆無。仁者樂道,智者利道,【注】《中庸》曰:"或安而行之,或利而行之,或勉强而行之,及其成功一也。"《論語》曰:"仁者安仁,智者利仁。"愚者從,弱者畏。【注】愚者徒從不能爲,弱者欲爲而畏難。不愚不弱,執誣以强,亦可謂棄民矣。【注】自執誣説,强不爲善。孔檢討云:"强,讀'屈强'之'强'。"太上不生惡,其次而能夙絶之,其下復而能改。【注】孔檢討云:"復,貳也。夙絶之,則不貳過也。貳而改之,猶無過也。"【釋曰】《群書治要》"絶之"下、"能改"下無兩"也"字,今本皆有。王給事云:"'次'下脱'生'字。上云'禍之所由生,自孅孅也。是故君子夙絶之'。此處脱'生'字無疑。"元案,《曾子》文法有以"而"字直接上文者,如上"而無常位"是也。故"生"字亦未敢遽增。復而不改,殞身覆家,大者傾社稷。是故君子出言鄂鄂,行身戰戰,亦殆勉於罪矣。【注】殞,殁也。"鄂"與"咢"通借。鄂,言相逆也。勉,讀爲免。《論語》曾子曰:"士不可以不弘毅,①任重而道遠。"《孝經》孔子曰:"富貴不離其身,然後能保其社稷,而和其民人。《詩》曰:'戰戰兢兢,如臨深淵,如履薄冰。'"【釋曰】《群書治要》作"傾社稷",今本"傾"下皆多"覆"字。《群書治要》"愕愕"上、"戰戰"上無兩"以"字,今本皆有"以"字。《説文》無"諤"字。"諤",俗字也。本作"屰",逻迕,皆相逆之義。故曰"言相逆"。《韓詩外傳》曰:"願爲鄂鄂之臣。"《史記·趙世家》所引不誤。今本作"諤",誤也。鄭氏《坊記》注云:"子於父母,尚和順,不用鄂鄂。"《釋文》:"本又作'諤'。""諤",俗字也。《漢書·韋賢傳》作"咢咢"。"勉,讀免",義見前。是故君子爲小由爲大也,居由仕也,【注】孔檢討云:"由,古通以爲'猶'字。"元謂孔子曰:"《書》云:'孝于惟孝,友于兄弟,施于有政。'是亦爲政。"【釋曰】作"孝于"者,從漢石經。備則未爲備也,而勿慮存焉。【注】王給事云:"勿慮,都凡也,猶言大凡。"【釋曰】王訓見《廣雅》及《經義述聞》。事父可以事君,事兄可以事長師。【注】長,謂公卿。孔子曰:"出則事公卿,入則事父兄。"《孝經》曰:"事兄弟,故順可移於長。"【釋曰】閣本作"長師",是也。各本皆倒作"師長"。使子猶使臣也,使弟猶使承嗣也。【注】孔檢討云:"承,丞也。《左傳》曰:'請承。'嗣,讀爲司。丞司者,官之偏貳,故弟視之。臣則私臣,自所謁除也,可以子視之。"元謂司,臣司,事於外者。【釋曰】《説文》承从丞省。

① "弘",原作"宏",係避清乾隆帝弘曆諱改字,今改回。下同。

《大戴·朝事》"大夫爲丞擯",《小戴》作"承"。《文王世子》"有疑丞",《大戴·保傅》篇作"承"。是二字又相通借。《書·高宗肜日》"王司敬民",《史記》作"嗣","嗣""司"通也。鐘鼎文亦多通借。《墨子·尚賢》上篇云"輔相承嗣",中篇云"承嗣輔佐",皆"司"之借也。"司"訓本《説文》。閣本"承"作"臣",非是。能取朋友者,亦能取所予從政者矣。【注】予,讀如與。所予從政,謂家臣也。賜與其宫室,亦猶慶賞於國也。忿怒其臣妾,亦猶用刑罰於萬民也。【注】《孝經》曰:"治家者不敢失於臣妾,而況於妻子乎?"宫室,指妻子所處而言。【釋曰】《荀子·大略》篇襲此文曰:"賜予其宫室,猶用慶賞於國家也。忿怒其臣妾,猶用刑罰於萬民也。"楊倞云:"宫室,妻子也。"孔檢討云:"此'與'字與上'予'字互誤。"元謂二字古人每通,非誤也。是故爲善必自内始也。内人怨之,雖外人亦不能立也。【注】立,立名也。《孝經》曰:"君子之事親孝,故忠可移於君;事兄弟,故順可移於長;居家理,故治可移於官。是以行成於内,而名立於後世矣。"居上位而不淫,臨事而栗者,鮮不濟矣。【注】盧僕射云:"淫,大也。"元謂栗,懼也;濟,成也。《孝經》曰:"在上不驕,高而不危;制節謹度,滿而不溢。"《論語》孔子曰:"必也臨事而懼,好謀而成者也。"【釋曰】"栗"與"慄"通,《爾雅》曰:"懼也。"《左·僖廿年傳》"以人從欲鮮濟",杜注:"濟,成也。"先憂事者後樂事,先樂事者後憂事。【注】家、國皆同,其理不爽。昔者天子日旦思其四海之内,戰戰惟恐不能乂也;諸侯日旦思其四封之内,戰戰惟恐失損之也;大夫、士日旦思其官,戰戰惟恐不能勝也;庶人日旦思其事,戰戰惟恐刑罰之至也。是故臨事而栗者,鮮不濟矣。【注】盧僕射云:"乂,治也。"元謂四封,四境也。《孝經》:天子之孝,德教加於百姓,刑於四海;諸侯之孝,保其社稷;卿大夫之孝,守其宗廟;士之孝,守其祭祀;庶人之孝,謹身節用。此曾子臨事而栗之道。【釋曰】孔云:"勝,平聲。"《群書治要》"乂"下、"損之"下、

“勝”下皆有“也”字，今本皆無之。又《群書治要》“大夫”下無“士”字，“栗”作“慄”，今不從之。君子之於子也，愛而勿面也，【注】盧僕射云：“不形於面。”元謂父貴嚴。使而勿貌也，【注】盧僕射云：“不以貌勞俫之。”導之以道而勿强也。【注】導以道，謂教子以通藝制行。勿强，謂不責善。曾子子曾元、曾申皆賢，曾申受《春秋》於左丘明，[①]受《詩》於子夏。【釋曰】“君子”以下三句，《荀子·大略》篇襲之。《春秋》説，本劉向。《詩》説，本《經典叙録》。宮中雍雍，外焉肅肅，兄弟憘憘，朋友切切。【注】宮中，室内也。外，門外也。雍雍，和也。肅肅，敬也。憘憘，悦也。切切，言相切直也。【釋曰】“雍”“肅”訓本《爾雅》。“憘”訓本《説文》。《論語》曰“朋友切切偲偲”，馬注云：“相切責之貌。”此未得“切切”之義。元謂《爾雅》曰：“丁丁嚶嚶，相切直也。”郭注以爲喻朋友切磋相正。此義得之。葢切者，以刀刌物使正之義也。遠者以貌，近者以情。【注】不賢能之友，當遠者；賢能之友，當近者。孔檢討云：“所疏，尚文；所親，尚質。”友以立其所能，而遠其所不能。【注】能，賢能也。立賢能之友而友之也。曾子曰：“以友輔仁。”苟無失其所守，亦可與終身矣。【注】賢能之友，無失所守，即可與終身爲友，此守約之道。

凡一千七百八十六字。【釋曰】舊校本記云凡一千七百六十字，其與今字數不合者，傳寫有衍脱也。孔本比舊校多二十七字。元今校定凡一千七百八十六字。

---

① “丘”，原作“邱”，係避孔子諱改字，今改回。下同。

曾子十篇卷二

揚州阮元注并釋

曾子本孝

【注】“本孝”者，取此篇首句之義名篇。此篇論孝以忠爲本也。《大戴禮記》弟五十，今爲《曾子》弟二。

曾子曰：忠者，其孝之本與？【注】事父母，以忠實爲本，不以虚飾干譽。且事親、事君、事長、交友皆貴忠，故曾子曰：“爲人謀而不忠乎？”孔子曰：“孝，德之始也。弟，德之序也。信，德之厚也。忠，德之正也。參也，中夫四德者矣。”孔子曰：“忠恕，違道不遠，施諸己而不願，亦勿施於人。君子之道四，吾未能一焉：所求乎子，以事父未能也；所求乎臣，以事君未能也；所求乎弟，以事兄未能也；所求乎朋友，先施之未能也。庸德之行，庸言之謹。有所不足，不敢不勉；有餘，不敢盡。言顧行，行顧言，君子胡不慥慥爾？”孔子曰：“參乎，吾道一以貫之。”曾子曰：“唯。”子出，門人問曰：“何謂也？”曾子曰：“夫子之道，忠恕而已矣。”所謂一貫者，事君親、處世皆以此忠恕行之。此聖賢讀書立身之實行。曾子學於孔子者也，非有獨傳之心，頓悟之道也。貫，行事也。一，讀若“壹是皆以修身爲本”之“壹”。壹，專也，皆也。孔子之道，皆以忠恕行之。孔子告子貢曰：“予一以貫之。”亦謂專務實行，非但學識，與告曾子之“一貫”無異。【釋曰】孔子許曾子四德之言，見《大戴禮·衛將軍文子》篇。孔子言“忠恕，違道不遠”，見《禮記·中庸》篇。引之者,欲明曾子所言一貫忠恕之道,即《中庸》孔子所言,豪無區别。故聖賢之道在乎庸,非有獨傳之心法,言下之大悟也。合觀《孝經》《論語》《中庸》《曾子》,其平易近人,誠實力行之道,可見無事高論矣。《論語》"一貫",乃孔子曰吾道皆以此行之,門人不知所行爲何道,故曾子曰:"忠恕而已矣。"所謂"忠恕",即《中庸》之"忠恕"也。故孔子又告子貢曰:"賜也,女以予爲多學而識之者與?"對曰:"然。非與?"曰:"非也。予一以貫之。"觀此,則"一貫"之當訓爲"皆行",其義更顯。告子貢與告曾子,非有二義也。若以孔子之道,萬殊皆本於一,曾子默悟而貫通之,此理實入於禪,且又何解於子貢之"一貫"也? 訓"貫"爲"行事"者,《爾雅·釋詁》:"貫,事也。"《廣雅》:"貫,行也。"《詩·碩鼠》"三歲貫女"、《周禮·職方》"使同貫利"、《論語·先進》"仍舊貫",傳、注竝訓爲"事"。《漢書·谷永傳》云:"以次貫行。"《後漢·光武十五王傳》云:"奉承貫行。"皆"行事"之義。《論語》"仍舊貫",比義尤近也。"一"與"壹"義通,故兩字經、史、子中并訓爲"專",又竝訓爲"皆"。《後漢·馮緄傳》《淮南·説山訓》《管子·心術》篇皆訓"一"爲"專",《大戴·衛將軍》《荀子·勸學》《臣道》《後漢·順帝紀》皆訓"一"爲"皆"。《荀子·大略》《左·昭廿六年》《穀梁·僖九年》《禮記·表記》《大學》皆訓"壹"爲"專"。至於"一""壹"二字通借之處,經、史、子中不可勝舉矣。孝子不登高,不履危,庳亦弗憑,不苟笑,不苟訾,**【注】**盧僕射云:"敬父母之遺體,故跬步未敢忘其親。"孔檢討云:"庳,卑也。弗憑卑者,不臨深也。"元謂不苟笑者,君子樂然後笑。訾,不思稱意也。**【釋曰】**"庳",宋本訛作"痺"。引《論語》"樂然後笑"者,用《曲禮》鄭注義也。"訾"訓本《説文》。① 隱不命,**【注】**張惠言云:"在隱幽之處,不以言命,恐惑衆人。"臨不指,**【注】**如登城不指,車中不指。故不在尤之中

① "本",原作"木",據《皇清經解》本《曾子注釋》(以下稱"《皇清經解》本")改。

也。【注】有尤必辱親。《曲禮》曰："爲人子者，不登高，不臨深，不苟訾，不苟笑。孝子不服闇，不登危，懼辱親也。"孝子惡言死焉，【注】死之言澌滅也。【釋曰】《荀子·大略》篇襲《曾子》此言曰："流言止焉，惡言死焉。"楊倞注云："鄭康成曰：'死之言澌。'澌，謂消盡也。""死"之訓"澌"，漢人通語。《白虎通》《釋名》皆然，不獨鄭注也。盧注解爲"死且不行"，非是。流言止焉，美言興焉。【注】美言，善言也。【釋曰】"善"與"美"同義。故惡言不出於口，煩言不及於己。【注】煩，讀爲忿。煩言，忿争之言。《禮記·大學》曰："言悖而出者，亦悖而入。"【釋曰】讀煩爲忿者，《小戴記》云："一出言而不敢忘父母，是故惡言不出於口，忿言不反於身。"故孝子之事親也，居易以俟命，不興儉行以徼幸。【注】臧鏞堂云："儉，讀爲險，古字通也。"元謂易，猶平安也。俟命，聽天任命也。興，起也。險，傾危也。徼，要也。此《禮記·中庸》孔子之言，曾子即以爲事親之道。【釋曰】臧云："明程榮本作'不興儉行以徼幸'，'儉'與'險'通。《左·襄廿九年傳》'險而易行'，《史記·吴世家》作'儉'。"元案，校者或據《中庸》改"儉"爲"險"，且删"行"字，不可從。《困學紀聞》卷五引作"不興險行以僥倖"。"易""俟命""險"三解，皆本《中庸》鄭注。"興"訓本《爾雅》。"徼"訓本《左·昭二年》杜注。孝子游之，暴人違之。【注】王給事云："游，讀由。"元謂由之，謂素位而行。曾子曰："思不出其位。"違之，謂興險徼幸。【釋曰】"游""由"通借。出門而使，不以或爲父母憂也。【注】奉君師親使出門，不以疑惑貽父母之憂。【釋曰】《戰國·秦策》及《史記·甘茂列傳》、劉向《新序》竝載曾某殺人，曾母投杼之事，皆諸子設言，而不顧有背於道，讀曾子此言，可知彼之僞也。險塗隘巷，不求先焉，以愛其身，以不敢忘其親也。【注】盧僕射曰："身者，親之枝也。可不敬乎？"元謂曾子曰："舟而不游，道而不徑，能全支體，以守宗廟。"【釋曰】曾子言，見《吕氏春秋·孝行覽》。孝子之使人也，不敢肆行，不敢自專也。

【注】肆，遂也。曾子養曾晳，徹酒肉，必請所與，況使人，敢專乎？《春秋左氏傳》曰："專命則不孝。"【釋曰】"肆"訓本《小爾雅》。父死，三年不敢改父之道。【注】盧僕射云："故曰：'三年無改於父之道，可謂孝矣。'"元謂《論語》曾子曰："吾聞諸夫子，孟莊子之孝也，其他可能也，其不改父之臣與父之政，是難能也。"又能事父之朋友，又能率朋友以助敬也。【注】《孝經》曰："故得人之歡心以事其親。"率者，子率己之朋友也。君子之孝也，以正致諫。【注】君子者，盧僕射云："謂卿大夫。"元謂《孝經》曰："父有争子，則身不陷於不義。"正，謂正道。【釋曰】盧注"謂"字今本訛作"諫"字，盧召弓學士改。士之孝也，以德從命。【注】德命則從，非德亦諫。《荀子》曰："孝子所以不從命者有三：從命則親危，不從命則親安，孝子不從命乃衷；從命則親辱，不從命則親榮，孝子不從命乃義；從命則禽獸，不從命則修飾，孝子不從命乃敬。故可以從而不從，是不子也；未可以從而從，是不衷也。明於從不從之義，而能致恭敬、忠信、誠愨以慎行之，則可謂大孝矣。"【釋曰】見《荀子·宥坐》篇。庶人之孝也，以力惡食。【注】孔檢討云："惡食，言養以甘美，自食其惡者也。"元謂《孝經》曰："庶人之孝，用天之道，分地之利，謹身節用，以養父母。"任善，不敢臣三德。【注】任善，用賢也。盧僕射云："謂王者之孝。三德，三老也。《白虎通》曰：'不臣三老，崇孝。'"故孝子之於親也，生則有義以輔之，【注】義輔，謂諫也。盧僕射云："諭於道。"【釋曰】宋本無"子"有"之"，高安本無"之"有"子"，閣本作"子之"。死則哀以莅焉，祭則莅之以敬，如此而成於孝子也。【注】《孝經》曰："孝子之喪親也，哭不偯，禮無容，言不文，服美不安，聞樂不樂，食旨不甘，此哀戚之情也；爲之宗廟，以鬼享之；春秋祭祀，以時思之。"【釋曰】閣本作"祭則列之以敬"，孔本作"祭祀則莅之以敬"。凡二百三十四字。【釋曰】舊校無字數，孔氏定爲二百三十四字，元今亦定爲二百三十四字。

曾子立孝

【注】此用篇首“立孝”二字爲名。《大戴禮記》弟五十一，今爲《曾子》弟三。

曾子曰：君子立孝，其忠之用也，禮之貴也。【注】忠則無僞，故能愛；禮以行愛，故能敬。《孝經》曰：“禮者，敬而已矣。”故敬爲孝之要道。【釋曰】《群書治要》有兩“也”字，今本皆無。故爲人子而不能孝其父者，不敢言人父不能畜其子者；爲人弟而不能承其兄者，不敢言人兄不能順其弟者；爲人臣而不能事其君者，不敢言人君不能使其臣者。【注】忠恕相因，此言忠，即恕道也。即孔子所謂：“忠恕，違道不遠。君子道四，某未能一也。”曾子曰：“夫子之道，忠恕而已矣。”亦此義也。戴吉士曰：“順，讀若訓，假借字也。”【釋曰】閣本及宋、元本作“順”，盧校本改“順”作“訓”者，丁教授云：“乃戴吉士所改，非盧之舊也。《廣雅》：‘訓，順也。’同音相假，義亦近也。”《群書治要》“臣者”下無“也”字，今本皆有之。故與父言，言畜子；與子言，言孝父；與兄言，言順弟；與弟言，言承兄；與君言，言使臣；與臣言，言事君。【注】順，亦讀若訓。盧僕射曰：“《士相見禮》曰：‘與君言，言使臣；與大夫言，言事君；與老者言，言使弟子；與幼者言，言孝父兄；與衆言，言慈祥；與莅官者言，言忠信也。’”【釋曰】今《儀禮》文“慈祥”上有“忠信”二字，敖繼公據此注以《儀禮》爲衍字，非也。古人引經，每多損益字句，未可遽據以相删補。“順”字義見上。① 君子之孝也，忠愛以敬。反是，亂也。盡力而有禮，莊敬而安之，【注】忠則必愛，有禮故敬。子夏曰：“事父母能竭其力。”子游問孝，子曰：“今之孝者，是謂能養。至於犬馬，皆能有養。不敬，何以别乎？”《孝經》曰：“愛敬盡於事親。”又曰：

---

① “上”，原作“土”，據《皇清經解》本改。

“慈愛恭敬，安親揚名。”【釋曰】“莊”，閣本作“恭”，《群書治要》無此字。按，此當是漢人避諱，或改之，或删之。微諫不倦，聽從不怠，【注】不義則諫，義則聽從也。孔檢討云：“微諫，幾諫也。”【釋曰】《群書治要》無“而”字，今本作“而不怠”。懽欣忠信，咎故不生，可謂孝矣。【注】孝者，子與父母，樂而不憂，誠而不僞。是以家室和平，無咎故也。咎，災也。故，謂可憂之事也。《孟子》云：“兄弟無故。”《詩》曰：“妻子好合，如鼓瑟琴。兄弟既翕，和樂且耽。宜爾室家，樂爾妻孥。”子曰：“父母其順矣乎？”《孝經》曰：“明王得萬國之懽心，以事其先王，是以天下和平，災害不生，禍亂不作。”【釋曰】《文選》嵇叔夜《幽憤詩》注引此作“可爲孝矣”。“咎，災”訓本《説文》。訓“故”爲“憂事”者，《檀弓》鄭注云：“大故，謂喪憂。”盡力而無禮，則小人也。致敬而不忠，則不入也。【注】小人，愚民也。入，納也。敬而不忠，則不能納諫於親。孔檢討云：“敬而未安，是色莊也。”【釋曰】《説文》曰：“入，内也。”“内”與“納”同。《群書治要》“力”下有“而”字，今本無。是故禮以將其力，敬以入其忠，【注】將，猶送也。入，亦納也。【釋曰】“將”訓本《爾雅》。飲食移味，居處温愉，【注】移之言羡也。温，柔也。愉，樂也。曾子養曾晳，必有酒肉。問有餘，必曰有。曾子養曾晳，常以皓皓，是以曾晳眉壽。孔子曰：“孝子之有深愛者，必有和氣。有和氣者，必有愉色。有愉色者，必有婉容。”【釋曰】“移，羡”訓本《禮記·郊特牲》鄭注。“酒肉”語出《孟子》，“眉壽”語出《大戴·衛將軍文子》篇孔子所言。“温，柔”“愉，樂”訓皆本《爾雅》。孔子言，見《禮記·祭義》。著心於此，濟其志也。【注】張惠言云：“志，謂忠與禮也。”元謂飲食居處，未可盡孝道，然處心於此，亦可以成其忠禮之志也。丁教授云：“著之言處也。”【釋曰】“著”訓本《樂記》“樂著大始”鄭注，《釋文》：“著，直略反。處，昌吕反。”子曰：“可人也，吾任其過；不可人也，吾辭其罪。”【注】此曾子述孔子之言，以證“入忠”之義。“人”當爲“入”，字之誤也。入,納也,謂納忠諫於親也。臧鏞堂云:“親本可納諫,此吾不能先諭親於道之過也。若不可納,此吾忠敬不足動親之罪也。”元謂辭者,自以爲辭。**【釋曰】**可入也,自是曾子引孔子之言,以證己言入忠孝之義。各宋本皆訛爲“人”字,戴校殿本以爲“入”字,是也。然未可逕改,故改字讀之。《詩》云“有子七人,莫慰母心”,子之辭也。**【注】**《詩·邶風·凱風》之三章,①此七子自引罪以爲辭也。“夙興夜寐,無忝爾所生”,言不自舍也。不恥其親,君子之孝也。**【注】**《詩·小雅·小宛》之三章。舍,釋也。自釋其過,則親任之矣。孔檢討云:“不使父母有可恥之行,所謂無忝也。”**【釋曰】**“舍”“釋”每相通借。是故未有君而忠臣可知者,孝子之謂也。未有長而順下可知者,弟弟之謂也;**【注】**盧僕射云:“《孝經》曰:‘以孝事君,則忠;以敬事長,則順。’”元謂此下皆曾子之言。長,謂公卿。子曰:“出則事公卿,入則事父兄。”未有治而能仕可知者,先修之謂也。**【注】**《中庸》曰:“思修身,不可以不事親;思事親,不可以不知人。”又曰:“知所以修身,則知所以治人。”故孝子善事君,弟弟善事長。君子壹孝壹弟,可謂知終矣。**【注】**壹,無貳心也,專也。知終,謂知其終身。**【釋曰】**《立事》篇末曰:“亦可與終身矣。”義與此同。《群書治要》“故”下無“曰”字,今本皆有。又“弟弟”作“悌弟”,今不從之。又今本作“一孝一弟”,《群書治要》作“壹孝壹弟”,“壹”字義長,當是淺人改爲“一”字。《左傳·文三年》“與人之壹也”,杜預注云:“壹,無貳心。”《禮記·大學》“壹是皆以修身爲本”,鄭氏注:“壹是,專行是也。”

凡三百二十七字。**【釋曰】**舊校本有“凡三章”三大字,下有“新别”二小字。又云“凡三百二十四字”。孔校本比舊本多二字,疑“子曰”二字衍文。元謂未可遽從,今定爲三百二十七字。

---

① “邶”,原誤作“衛”,據《詩經》改。

曾子大孝

【注】此篇論孝以尊親爲大,義本《孝經》,兼天子、諸侯、卿大夫、士而言。當時學者奉爲法言,故《小戴記》《吕覽》皆綴緝成書,《祭義》及《孝行覽》多從此篇采出。《大戴禮記》第五十二,今爲《曾子》第四。

曾子曰:"孝有三:大孝尊親,其次不辱,其下能養。"【注】尊親者,孝子之至,莫大乎尊親,如大舜以天下養,周公嚴父以配天,士大夫立身行道,揚名於後世,以顯父母。不辱者,不恥其親,不災其身。養者,謂養志。【釋曰】曾子言學與孝不敢及天子、諸侯之事,然《孝經》受業,備聞孔子之教。故篇中大孝及塞天地,衡四海,博施備物,皆兼天子、諸侯爲言。今故引《孟子》《孝經》之義,以證之也。不辱,蓋亦兼親與己身而言。《小戴記》作"弗辱"。知"養"爲"養志"者,下文曾子不敢自居於孝,故知與直養有别。公明儀問於曾子曰:"夫子可謂孝乎?"【注】鄭司農云:"公明儀,曾子弟子。"【釋曰】此用《小戴》鄭注。《小戴》經文作"夫子可以爲孝乎"。曾子曰:"是何言與?是何言與?君子之所謂孝者,先意承志,諭父母以道。【注】盧僕射云:"凡言於事親未意,則先善舉之;親若有志,則承而奉之。"元謂諭,猶諫也。【釋曰】"以道",《小戴》作"於道"。宋汪晫本《曾子》從《小戴》録出,故亦作"於道"。盧注"凡言於事",戴校本改爲"凡言與事",王給事疑爲當作"凡言事於",今皆不從。宋本"敬而奉之",今本或作"承而奉之"。"諭,諫"訓本《廣雅》。參直養者也,安能爲孝乎?【注】言特養口體,不敢居三者之孝。然《孟子》曰:"若曾子,則可謂養志也。"【釋曰】"直""特"古音義相通。《詩》"實維我特",《韓詩》作"直"。身者,親之遺體也。行親之遺體,敢不敬乎?故居處不莊,非孝也;事君不忠,非孝也;莅官不敬,非孝也;朋友不信,非孝也;戰陳無勇,非孝也。五者不遂,災及乎身,敢不敬乎?【注】不莊、不忠、不敬、不信、無勇，皆易致禍害，受刑罰，毁傷身體，辱及其親，故《孟子》曰："事孰爲大？事親爲大。守孰爲大？守身爲大。"高誘云："莅，臨也。"杜欽云："不孝，則事君不忠，涖官不敬，戰陳無勇，朋友不信。"班固云："大辱加於身，支體毁傷，即君不臣，士不交。"孔子曰："我戰則克。"鄭司農云："遂，成也。"【釋曰】《小戴記》"身者"上，别出"曾子曰"三字。又"身者"作"身也者"。"行親"作"行父母"。"居處"上無"故"字。"災及乎身"作"烖及於親"，《禮記》釋文："本又作'烖及於身'。"《大戴》舊校本亦云："'身'，一作'親'。"宋本或作"災及其身"。又"五者不遂"，《吕覽》作"五行不遂"。《吕氏春秋·孝行覽》"信"作"篤"，高誘曰："篤，信也。""及乎身"，亦作"及於親"。注引高誘説者，《吕覽注》也；杜欽説者，《漢書·杜欽傳》疏中語，即本《曾子》也；班固説者，《白虎通·喪服》篇也；孔子言，見《禮器》；鄭司農説，見《小戴注》，《吕覽》高注亦同。"陣"字乃六朝以後俗字，故依《小戴》改之。故亨熟鮮香，嘗而進之，非孝也，養也。【注】亨，亨肉。熟，熟穀。鮮，讀爲羶，肉氣也。香，穀氣也。【釋曰】《小戴》作"亨熟羶薌"，無"故"字。《大戴》舊校本云："鮮，一作'羶'。"今按，"亨熟薌"應作"亨孰香"。"鮮"，乃"羶"之音近假借字。《説文》"羶"義屬肉，"香"義屬穀，固宜分别。《郊特牲》鄭注讀"羶薌"爲"馨香"，義各有取也。"進"，《小戴》作"薦"。君子之所謂孝者，國人皆稱願焉，曰'幸哉，有子如此'，所謂孝也。【注】立身行道，尊親揚名，故國人皆稱願之。孔子曰："孝哉閔子騫，人不閒於其父母兄弟之言。"【釋曰】《小戴》無"皆"字，"焉"字作"然"字，"也"下有"已"字。鄭氏《小戴記》注讀"然"爲"而"，非也。"然"乃"焉"音近假借字。《禮記·檀弓》"穆公召縣子而問然"，《論語》"羿、奡不得其死然"，皆"焉"字之借也。民之本教曰孝，【注】盧僕射云："《孝經》曰：'夫孝，德之本也，教之所由生也。'"【釋曰】"民"，《小戴》作"衆"。其行之曰養。【注】盧僕射曰："謂致衣食，省安否。"【釋曰】《小戴》無"之"字。養可能也，敬爲難；敬可能也，安爲難；安可能也，久爲難；久可能也，卒爲難。父母既没，慎行其身，不遺父母惡名，可謂能終也。【注】安，寧也。卒，終也。《孝經》曰："終於立身。"又曰："修身慎行，恐辱先也。"【釋曰】《小戴》及《吕覽》皆無"久爲難"以下七字。《大戴》舊校云："'慎'，一作'順'，《吕覽》作'敬'。"又"終也"，《小戴》作"終矣"。訓"安"爲"寧"者，《漢書·揚雄傳》云"孝莫大於寧親"，師古注云："寧，安也。"訓"卒"爲"終"，本《爾雅》。夫仁者，仁此者也；義者，宜此者也；忠者，中此者也；信者，信此者也；禮者，體此者也；行者，行此者也；强者，强此者也。樂自順此生，刑自反此作。【注】此，皆指孝而言。古人讀字，若分緩急，其義即殊。仁此、宜此、中此、信此、體此、行此、强此，皆于本字分緩急聲而異其音者也。"仁此"之"仁"，讀如"相人偶"之"人"；中，讀如"億則屢中"之"中"；"信此"之"信"，讀如"不我信兮"之"信"。孔穎達云："順從孝道，則身和樂；違反孝道，則刑戮及身。"【釋曰】古人不分四聲，惟分緩急。音分緩急，其意即殊。故此七言，"義""禮"既别爲"宜""體"二音，則知其餘音亦必不同矣。"仁此"之"仁"，讀如"相人偶"之"人"者，本《禮記·中庸》鄭註。"信"讀如"不我信兮"者，《詩·邶·擊鼓》鄭箋"信"不改義，而讀與"洵"相韻，知古人亦分兩聲也。又《小戴》"仁者"上無"夫"字。"體此"，《小戴》《吕覽》竝作"履此"。"忠""行"二句，《小戴》無之。"反"，《吕覽》作"逆"。"生""作"下，皆有"也"字。"中"，《戴》本作"忠"，非。孔穎達説，本《小戴記正義》。夫孝者，天下之大經也。【注】仁、義、忠、信、禮、行、强皆本乎孝，故曰大經。【釋曰】《小戴》無此句。夫孝，置之而塞於天地，衡之而衡於四海，【注】盧僕射云："置，猶立也。衡，猶横也。"元謂《孝經》曰："孝弟之至，光於四海。"光，猶横也。【釋曰】《小戴》於"夫孝"上多"曾子曰"三字，"衡"作"溥"。元按，《大戴》是也。"置"有"立"義，《詩·商頌·那》"置我鞉鼓"，置讀曰植，植，立也。《論語》"置其杖"，漢石經

“置”作“植”。《淮南子·原道訓》云：“夫道者，植之而塞於天地，横之而彌於四海，施之無窮而無所朝夕。”其語亦從此采去。解《孝經》之“光”爲“横”者，《尚書》“光被四表”，《漢書》皆作“横被四表”。《孝經》又言無所不通，又引《詩·文王有聲》，義皆與此同，則彼“光”字爲“横”義無疑。古桄、横、擴皆有横而充之之義。戴東原吉士歷舉“光”“横”相通之字，尚遺《孝經》此句也。施諸後世而無朝夕，**【注】**盧僕射云：“言常行也。”元謂無一日不行也。推而放諸東海而準，推而放諸西海而準，推而放諸南海而準，推而放諸北海而準。《詩》云：‘自西自東，自南自北，無思不服。’此之謂也。**【注】**四夷、八蠻、七閩、九貉、五戎、六狄，此《周禮·職方氏》所服四海也。盧僕射云：“放，猶至也。準，猶平也。《詩·大雅·文王有聲》之詩也。”**【釋曰】**四海之數，《周禮·職方氏》《小戴·明堂位》《爾雅·釋地》各有不同。盧僕射《大戴記·用兵》篇注謂《職方》爲周所服之數，《明堂》爲來朝之數，《爾雅》爲夏所服之數。雖無據，尚爲近理。而盧氏於此篇注言九夷、八蠻、七戎、六狄，數又不同，更無據。今據《職方氏》注此。孝有三：大孝不匱，**【注】**盧僕射云：“《詩》云‘孝子不匱，永錫爾類’也。”元謂匱，竭也。**【釋曰】**“匱”訓，本《詩》毛傳。中孝用勞，**【注】**鄭司農云：“勞，猶功也。”**【釋曰】**“勞，功”，本《小戴》鄭注，盧注沿用之。小孝用力。博施備物，可謂不匱矣；**【注】**孔檢討云：“此‘王者之孝，德教加於百姓，形於四海’，‘博施’之謂也。‘四海之内，各以其職來祭’，‘備物’之謂也。”尊仁安義，可謂用勞矣；**【注】**孔檢討云：“大夫、士之孝。”慈愛忘勞，可謂用力矣。**【注】**孔檢討云：“庶人之孝。”元謂《小戴記》“慈”上有“思”字，是也。鄭司農云：“思父母之慈愛己，而自忘己之勞苦。”**【釋曰】**此注據《小戴》“思”字補其意也。《小戴》“慈愛”爲弟一句，“博施”爲弟三句，與此相反。“愛”，宋别本訛爲“受”。父母愛之，喜而不忘；父母惡之，懼而無怨。**【釋曰】**“喜而不忘”，《小戴》作“喜而弗忘”，唐石經

《禮記》作"嘉而不忘",石經誤,不可從。《孟子·萬章》篇曰:"父母愛之,喜而不忘;父母惡之,勞而不怨。"蓋本《曾子》。又《文選》陸士衡《弔魏武帝文》注:"《尸子》引曾子之言曰:'父母愛之,喜而不忘;父母惡之,禮而無咎。'"與此亦有異同,而義皆相成。父母有過,諫而不逆。【注】鄭司農云:"順而諫之。"盧僕射云:"當柔聲下氣也。"父母既歿,以哀祀之,加之如此,謂禮終矣。"【注】孝子祀親必哀,故《祭義》曰:"霜露既降,君子履之,必有悽愴之心,非其寒之謂也。春雨露既濡,君子履之,必有怵惕之心,如將見之。樂以迎來,哀以送往。"《孝經》曰:"春秋祭祀,以時思之。"加之如此,謂加既終之禮於三孝也。曾子曰:"慎終追遠,民德歸厚矣。"又曰:"孝子之身終。終身也者,非終父母之身,終其身也。"【釋曰】《小戴》作"父母既歿,必求仁者之粟以祀之,此之謂禮終",《小戴》義遜於此。盧氏注謂哀爲三年之服,祀爲春秋之祭,非是。曾子"終身"之言,見《内則》。樂正子春下堂而傷其足,傷瘳,數月不出,猶有憂色。【注】樂正子春,曾子弟子。《春秋公羊傳》曰:"樂正子春之視疾也,復加一飯,則脱然愈;復損一飯,則脱然愈;復加一衣,則脱然愈;復損一衣,則脱然愈。"【釋曰】《小戴》無"傷瘳"二字,《吕覽》無"其"字,"傷瘳"作"瘳而"。謂樂正子春爲曾子弟子者,本《小戴·檀弓》鄭注。《公羊傳》,見昭十九年,言加、損皆得宜也。門弟子問曰:"夫子傷足瘳矣,數月不出,猶有憂色,何也?"樂正子春曰:"善如爾之問也。吾聞之曾子,曾子聞諸夫子,【注】聞諸夫子,夫子,孔子。【釋曰】《吕覽》作"門人問之曰'夫子下堂而傷足,瘳而數月不出,猶有憂色,敢問其故'"。《小戴》作"夫子之足瘳矣",又重疊"善如爾之問也"六字。《吕覽》作"善乎而問之","夫子"作"仲尼",又"曰"字以下十三字無之。曰:'天之所生,地之所養,人爲大矣。父母全而生之,子全而歸之,可謂孝矣。【注】盧僕射云:"《孝經》曰:'天地之性,人爲貴。人之行,莫大於孝也。'"元謂生之、歸之,皆指性、行而言。【釋曰】《吕覽》“歸之”下，無“可謂孝矣”句。不虧其體，可謂全矣。’【注】曾子有疾，召門弟子曰：“啓予足，啓予手。《詩》云：‘戰戰兢兢，如臨深淵，如履薄冰。’而今而後，吾知免夫，小子。”【釋曰】引《論語·泰伯》篇爲證。《吕覽》“其體”下，多“不損其形”四字，“可謂全矣”作“可謂孝矣”。故君子頃步之不敢忘也。今予忘夫孝之道矣，予是以有憂色。”【注】虧，損也。頃，讀爲跬，聲近假借也。跬，一舉足也。【釋曰】《小戴》於“體”字下多“不辱其身”四字。又作“頃步而弗敢忘孝也”，無“夫”字，無“矣”字，“色”下多“也”字。《吕覽》作“君子無行咫尺而忘之，予忘孝道，是以憂”。訓“虧”爲“損”者，義本《説文》。讀“頃”爲“跬”者，本鄭氏《祭義》注。“頃”與“跬”古音相近而借，故《荀子·勸學》篇作“蹞”，《漢書·息夫躬傳》作“窺”，皆假借也。“跬”字之義，散見《司馬法》《方言》《小爾雅》。故君子一舉足不敢忘父母，一出言不敢忘父母。一舉足不敢忘父母，故道而不徑，舟而不游，不敢以先父母之遺體行殆也；【注】徑，步邪赴險也。司馬相如賦曰：“徑峻赴險。”孔檢討云：“浮行水上曰游，潛行水中曰泳。《吕覽》曾子曰：‘父母生之，子弗敢殺；父母置之，子弗敢廢；父母全之，子弗敢闕。故舟而不游，道而不徑，能全支體，以守宗廟，可謂孝矣。’”盧僕射云：“殆，危也。”【釋曰】“徑”與“游”對，言人徑之，非路徑實字也。故引《上林賦》以明其義。《小戴》鄭司農注此，亦曰：“徑，步邪疾趨也。”盧注引“行不由徑”，非是。《小戴》“一”作“壹”，無“也”字。第二“舉足”下有“而”字。一出言不敢忘父母，是故惡言不出於口，忿言不及於己。然后不辱其身，不憂其親，則可謂孝矣。【注】忿，恨怒也。曾子曰：“戒之戒之，出乎爾者，反乎爾者也。”【釋曰】“忿”訓本《玉篇》。《小戴》“一”作“壹”，“出言”下有“而”字，“及於己”作“反於身”。孔疏云：“定本作‘及’字。”又無“然后”“矣”三字，“憂”作“羞”。曾子言，見《孟子》所引。草木以時伐焉，禽獸以時殺焉。夫子曰：“伐一木，殺一獸，不以其時，非孝也。”【注】非孝者，暴天地生物之仁，違王者用物之義。《周禮·山虞》曰：“中冬斬陽木，中夏斬陰木。”《王制》曰：“豺祭獸，然後田獵。鳩化爲鷹，然後設罻羅。”盧僕射云：“夫子，孔子。”【釋曰】此節二十八字，《小戴》在“孝有三”之前，“謂也”之後。

凡六百八十二字。【釋曰】舊校本有“凡三章”三大字，“新别”二小字。又云：“凡六百五十五字。”孔云：“今多二十八字。案，‘草木’以下二十八字，《小戴》原在‘此之謂也’下，疑《大戴》舊本脱此章，故未計入字數。後人從别本校補，遂附之篇末，不與前文相屬。”元今定爲六百八十二字。

曾子事父母

【注】此篇論幾諫及事兄使弟之道。《大戴禮記》弟五十三，今爲《曾子》弟五。

單居離問於曾子曰：“事父母有道乎？”【注】盧僕射云：“單居離，曾子弟子也。”【釋曰】單居離事不見於他書。曾子曰：“有。愛而敬。父母之行，若中道則從，若不中道則諫。諫而不用，行之如由己。【注】親中道則子從，不中道則子諫。諫而親不用，則親行之不中道，如由己致之。代親受過，更思復諫也。《孝經》曰：“父有争子，則身不陷於不義。故當不義，則子不可以不争於父。”從而不諫，非孝也；諫而不從，亦非孝也。【注】《孝經》曰：“故當不義，則争之。從父之令，又焉得爲孝乎？”强諫而不從，不善諫也，亦非孝道。孝子之諫，達善而不敢争辨。争辨者，作亂之所由興也。【注】盧僕射曰：“《内則》曰：‘父母有過，下氣怡色，柔聲以諫之。若不入，起敬起孝，説則復諫。’”元謂達善者，但達善道于親，而不敢强争强辨。由己爲無咎則寧，由己爲賢人則亂。【注】諫親者，但求因諫而親免於過。若謂由己之諫，使不賢之親轉爲賢人，則是揚親過而自立名，大亂之道。孝子無私憂，無私樂，父母所憂憂之，父母所樂樂之。孝子唯巧變，故父母安之。【注】孝子唯知有親，故憂樂相同。《孟子》曰："舜五十而慕，人悦之。好色、富貴，無足以解憂者，惟順於父母可以解憂。"巧變者，若舜在牀琴，象憂亦憂，象喜亦喜。【釋曰】《孟子》言，見《萬章》。今本皆脱"無私憂"三字，丁教授云："方正學《遜志齋集·讀曾子》篇引此有三字，今據以補此。然則宋本《曾子》，明初尚未亡也。"若夫坐如尸，立如齊，弗訊不言，言必齊色，此成人之善者也，未得爲子之道也。"【注】坐如祭尸之位，立如致齋之時，皆莊敬也。上問下曰訊。齊色，整齊顔色也。成人，謂學有成立之人。《祭義》曰："嚴威儼恪，非所以事親也，成人之道也。"【釋曰】"訊"訓本《公羊·僖十年》何休學。"齊色"之義，本《冠義》曰："禮義之始，在於正容體，齊顔色。"又案，《曲禮》之言，多從諸子記録出。"若夫坐如尸，立如齊"八字，正録《曾子》而刪其下文，又失刪若夫"二字"耳。鄭司農注《小戴》以夫爲丈夫，誤矣。舊校云："一本無'者'字。"單居離問曰："事兄有道乎？"曾子曰："有。尊事之，以爲己望也。【注】爲己所表望。【釋曰】孔云："尊事，《通解》作'尊視'。"兄事之，不遺其言。【注】盧僕射云："奉其所令。"元謂兄，讀若況。況若尊大之然。言，謂兄所命言。【釋曰】兄本是兄，非比他人而兄事之。曷爲言"兄事"？蓋古人讀字每有緩急之別，兄讀爲緩聲則爲況，故《白虎通》曰："兄，況也。"《釋名》曰："兄，荒也。荒，大也。"《詩·大雅》"倉兄填兮，職兄斯引"，皆讀爲怳，是此義也。此篇下文"則兄事之"，亦同此例。兄之行若中道，則兄事之；兄之行若不中道，則養之。【注】孔檢討云："《孟子》曰：'中也養不中。'"元謂養，容也。【釋曰】《廣雅》："容、養，飾也。""容""養"聲轉義同。《説文》"容"字不但从谷，谷亦當爲聲。古音東、冬、屋、沃每相關通，故《詩·車攻》以"同"韻"調"，《常棣》以

"戎"韻"務",是其驗也。《爾雅》"東風謂之谷風",谷讀若容。容,養也。《老子》"谷神不死","谷"字即"容"之假借字,故河上公訓爲"養",此古義也。養之内,不養於外,則是越之也;養之外,不養於内,則是疏之也。是故君子内外養之也。"【注】内,謂家室。外,謂朝廷交游。越之,謂揚其過於外也。【釋曰】《爾雅·釋言》曰:"越,揚也。"單居離問曰:"使弟有道乎?"曾子曰:"有。嘉事不失時也。【注】盧僕射云:"謂冠、娶也。"弟之行若中道,則正以使之;【注】盧僕射曰:"正以使之,以弟道。"弟之行若不中道,則兄事之。【注】兄,讀"兄弟"之"兄"。兄事之者,亦如事兄之道養之也。中養不中,賢兄之道也。【釋曰】此非兄而兄事之,故急讀如本字。詘事兄之道,若不可,然後舍之矣。"【注】詘,猶屈也。詘事兄之道於弟,猶不可化,則舍之。舍,釋也。洪震煊云:"釋之以須其後。"【釋曰】"詘""屈"、"舍""釋"古義皆相同。洪説,本《禮記·學記》鄭注。《學記》曰"雖舍之可也",鄭注云:"舍之須後。"鄭言暫釋之以俟其後,非決棄之,此義是也。盧注"怒罰之",非是。曾子曰:"夫禮,大之由也,不與小之自也。【注】孔檢討云:"自,亦由也。言禮貴由其大者,不謂能由其小者。與,謂也。《小正傳》曰:'其必與之獸。'"【釋曰】閣本"不"上多"以"字。飲食以齒,【注】盧僕射云:"以長幼也。"力事不讓,辱事不齒,【注】勞苦之事,先代長者;卑賤之事,不推長者。【釋曰】丁教授云:"《吴語》'危事不齒',意與此同。"此段補論事兄之道,非論使弟之道。孔注曰"不以齒長辭辱事",非也。注"勞苦"句,見《荀子·修身》篇。執觴觚杯豆而不醉,【注】洪震煊云:"觴、觚,飲器也。一升曰爵,二升曰觚,三升曰觶,四升曰角,五升曰散。總名曰爵,實之曰觴。杯、豆,亦飲器。《玉藻》曰:'母没而杯圈不能飲焉。'《考工記》曰:'飲一豆酒。'"【釋曰】"一升"至"曰觴",此《禮記》疏所引《韓詩》説也。引《玉藻》《考工記》,以明四者皆飲器,别於盧注也。和歌而不哀。【注】不以己之私,致長者不樂。“飲食”以下五事，皆禮之小者。夫弟者，不衡坐，不苟越，【注】重申禮小之義。孔檢討云：“《曲禮》曰：‘竝坐不横肱。先生書策，琴瑟在前，坐而遷之，戒勿越。’”【釋曰】“夫弟者”三字，重申禮小，與下“未成於弟”相應。孔謂當在“飲食以齒”之上，似非。不干逆色，趨翔周旋，俯仰從命，不見於顔色，未成於弟也。”【注】干，犯也。兄有逆色，不犯之。孔檢討云：“行而張拱曰翔。不見顔色，言勞而無愠。‘禮不興小之自’以上諸事，皆禮之小者，故未成於弟之道也。”【釋曰】“干，犯”，本《左・文四年傳》“其敢干大典”注。

凡三百六十三字。【釋曰】此篇舊校無字數，孔氏定爲三百六十一字，元今定爲三百六十三字。

曾子十篇卷三

揚州阮元注并釋

曾子制言上

【注】制言，有裁制之言，可以爲法也。分上、中、下三篇。《大戴禮記》弟五十四，今爲《曾子》弟六。【釋曰】"制"訓本《國語·晋語》註。

曾子曰："夫行也者，行禮之謂也。"【注】"夫行"之"行"，急讀之。【釋曰】上"行"去聲，下"行"平聲。夫禮，貴者敬焉，老者孝焉，幼者慈焉，少者友焉，賤者惠焉。【注】孔子見冕衣裳者，雖少必作，過之必趨，敬貴也。孝，畜也。老者畜養之。惠，仁也。【釋曰】孔子事，見《論語·子罕》。"孝，畜"訓本《祭統》。"惠，仁"訓，本《説文》。《群書治要》"少"作"小"，今不從之。此禮也，行之則行也，立之則義也。【注】"則行"之"行"，急讀之。行既立，則可以爲義，以宜其類。【釋曰】上"行"平聲，下"行"去聲。宜類，見《立事》篇。今之所謂行者，犯其上，危其下，衡道而彊立之，【注】盧僕射云："衡，横也。"元謂不循正道，矯强自立。【釋曰】此"行"字去聲。天下無道故若，【注】盧僕射云："且自如也。"天下有道，則有司之所求也。【注】孔檢討云："求，拘罪人也。《淮南子》曰：'求不孝、不弟、戮暴、傲悍而罰之。'"故君子不貴興道之士，而貴有恥之士也。【注】興道，謂以殊行起名譽者。若由富貴興道者與貧賤，吾恐其或失也；若由貧賤興道者與富貴，吾恐其羸驕也。【注】或失，謂或不能自守。羸，當爲“贏”，字之誤也。【釋曰】盧注“或”爲“惑”，今不從。戴校作“贏”。夫有恥之士，富而不以道，則恥之；貧而不以道，則恥之。【注】富不以道，若驕吝無禮。貧不以道，若怨諂無守。弟子毋曰‘不我知’也。鄙夫鄙婦相會於廧陰，可謂密矣，明日則或揚其言矣。故士執仁與義而明行之，未篤故也，胡爲其莫之聞也？【注】此戒弟子勿以無聞譽，而自懈其修也。隱微鄙事，欲人不知，尚不能，何況持仁義之道，明行於世，豈終無聞？若其無聞，行未篤也。【釋曰】此節意在勸弟子篤行仁義，自有人知。“鄙夫鄙婦”四句，反其辭設譬，非言弟子爲惡而自謂人不知也。孔云：“廧，隸書‘牆’字。”《群書治要》作“毋曰”，今作“無曰”。又《治要》作“故士執仁與義而不聞，行之未篤也”。案此是魏徵删節本文之故，不可從。殺六畜不當，及親，吾信之矣；使民不時，失國，吾信之矣。【注】殺畜不當其時，必將殘忍爲亂，禍及其親。不愛民而妨民事，必將煩役瀆武，民心盡叛。故蓬生麻中，不扶自直。白沙在泥，與之皆黑。【注】此勖弟子取多賢友也。蓬，蒿；麻，枲也。沙，水散石也。泥，塗泥。蓬性屈亂，故郭象曰：“蓬非直達者。”“直”“黑”相韵。【釋曰】《史記・三王世家》索隱引《荀子》曰：“蓬生麻中，不扶自直。白沙在泥，與之皆黑。”《洪範》正義引《荀子》“泥”作“涅”，“皆”作“俱”。《説苑・説叢》篇曰：“蓬生枲中，不扶自直。白沙入泥，與之皆黑。”《論衡・程材》篇曰：“蓬生麻間，不扶自直。白紗入緇，不染自黑。”又《率性》篇重引此，惟弟四句“染”作“練”。《孟子》趙岐《章指》亦引此四句，作“諺曰”。凡此語，皆本《曾子》也。“蓬”“沙”訓本《説文》。“麻”訓本《爾雅》。郭説，見《莊子・逍遙游》篇注。《群書治要》“蓬”上有“故”字，從之。“自直”作“乃直”，今不從之。是故人之相與也，譬如舟車然，相濟達也。己先則援之，彼先則推之。是故人非人不濟，馬非馬不走，土非土不高，水非水不流。【注】此言仁道也。仁者，人也，如人相人偶也。葢人非人不濟，必相人偶，乃成仁道。故仁者，仁此者也。走，讀如"來朝走馬"之"走"。走，疾趨之也。【釋曰】"仁"訓本《禮記·中庸》鄭氏注。案《中庸》"仁者，人也"之訓最精，鄭氏注爲"相人偶"，乃"仁"字最古之義。觀《曾子》此節，足以發之。泛訓爲"愛"，義不足，且非制字之本也。《詩·綿》"來朝走馬"，《孟子》引同。毛傳無解，箋云："言其辟惡早且疾也。"《玉篇》"趣"字引"《詩》曰'來朝趣馬'，言早且疾也"。此《玉篇》所引，非《詩》經字作"趣"，葢鄭箋讀走若趣也。鄭箋必有"走讀若趣，趣，疾也"七字。六朝以前有之，《玉篇》引鄭箋所讀若"趣"字，而誤連爲《詩》本字。隋唐之間又脱去鄭箋七字，故陸《釋文》無"趣"音。不然，《棫樸》"左右趣之"，傳曰："趣，趨也。"箋云："促疾於事。"設《綿》經字爲"趣"，毛不容無以訓之。且鄭箋彼"趣"爲"疾"，益可知此讀走爲趣也。《逸周書·文儆解》云："壤非壤不高，水非水不流。"君子之爲弟也，行則爲人負，無席則寢其趾，【注】盧僕射云："分重合輕，班白不任，弟達於道路也。"元謂坐用席，臥用袵，席有首尾，尊者易知。無席而欲寢尊者，則必安其趾於袵。《士昏禮》曰："御袵于奥，北止。"止同趾，足也。【釋曰】古人之席有首尾，故《公食大夫禮》云："莞席尋，卷自末。"故易知也。引《士昏禮》者，藉以明寢尊者之趾也。使之爲夫人則否。【注】此"夫"字及下"夫杖""夫"字，皆"老"字形近之訛。篆字"老"作"E"。言當使之人，其年或老則止。近市無賈，在田無野，行無據旅。【注】此皆言安老之義。老者雖近市，不賈賣；雖在田，不野宿。據旅，猶《周禮》"羈旅"。言老者雖行路，不羈據旅舍。"負""趾""否"及"賈""野""旅"，各以三字爲韻。【釋曰】《説文》曰："賈，坐賣售也。"《周禮·地官·遺人》"羈旅"，後鄭注："過行寄止者。故書'羈'作'寄'，杜子春云：'寄，當作羈。'"又"旅"，元本訛作"依"，戴本從之。

苟若此，則夫杖可因篤焉。【注】以上皆申言“人非人不濟”之義，仁道也。安老如此，則凡老杖者，可因依篤厚矣。【釋曰】“因”訓本《吕覽·盡數》“因智而明之”注。“篤”訓本《詩·椒聊》毛傳。富以苟，不如貧以譽；【注】富而苟且無禮，不若安貧有令譽。生以辱，不如死以榮。【注】盧僕射云：“見危致命，死之榮也。”【釋曰】《列女傳·楚平伯嬴》曰：“妾聞生而辱，不如死而榮。”此古語相同者。辱可避，避之而已矣。及其不可避也，君子視死若歸。【注】可避而不避，是殉名也；不可避而死，君子之榮也。曾子慎言遠害，務全其身。然當大節大義，則毅然視死如歸。百世後忠臣孝子之防，皆立於此。故曰：“可以托六尺之孤，可以寄百里之命，臨大節而不可奪也。君子人與？君子人也。”又曰：“士不可以不弘毅，任重而道遠。仁以爲己任，不亦重乎？死而後已，不亦遠乎？”孔檢討云：“董仲舒説《春秋》齊頃公不死於位，以曾子此義責之。”【釋曰】《吕氏春秋·士節》篇云“遺生行義，視死如歸”，語本乎此。董仲舒説，見《春秋繁露·竹林》篇。彼引此，無“矣”字、“也”字，“辱”字下多“若”字。父母之讎，不與同生；兄弟之讎，不與聚國；朋友之讎，不與聚鄉；族人之讎，不與聚鄰。【注】讎，謂被人有意辱殺者。不與同生，言孝子所仇，不共戴天，生以辱，不如死以榮也。孔子曰：“居父母之仇，寢苫枕干，不仕，弗與共天下也。過諸市朝，不反兵而鬬。居昆弟之仇，仕弗與共國。銜君命而使，雖遇之不鬥。居從父昆弟之仇，不爲魁。主人能，則執兵而陪其後。”盧僕射云：“族人，謂絶屬者。”元謂聚鄉比聚鄰爲疏。《大清律》：“父母爲人所殺，而子孫擅殺行凶人者，杖六十。其即時殺死者勿論。”案此與孔子居仇之義微有不同者，春秋時殺人者，官未必盡受理，且有國邑奔避也。【釋曰】居仇之説，《檀弓》《曲禮》《周禮·地官·調人》及此曾子所言互有異同。然《周禮》、孔子、曾子之言，三者同義，惟《曲禮》錯出，不可從。此注所引，即《檀弓》孔子荅子夏之言，與《曾子》合。案《周禮·調人》曰：“凡過而殺傷人，以民成之。凡和難，父之仇，辟諸海外。兄弟之讎，辟諸千里之外。從父兄弟之讎，不同國。君之讎，眂父。師長之讎，眂兄弟。主友之讎，視從父兄弟。"《周禮》此節專言過殺，非本意殺，故調人得以使之遠避，平成之，與孔、曾所言有意辱殺之讎不同。猶《大清律》謀殺人、故殺人與戲殺、誤殺、過失殺傷人有分别也。又《調人》曰："凡殺人有反殺者，使邦國交讎之者。"此言謀殺一人，恐此人子弟報讎，因復殺其子弟也。又《調人》曰："凡殺人而義者，不同國，令無讎。讎之則死者。"此謂殺其謀殺君父之人爲義。其殺人君父之人之父兄子弟，不得再以此人爲讎，讎之則罪當死也。故《周禮》與孔、曾合。以爲不合者，誤解之耳。若《曲禮》言"兄弟之讎不反兵，交游之讎不同國"，及《公羊》"復百世之讎"，則太過，不合聖賢之道矣。良賈深藏如虚，君子有盛教如無。"【注】良賈不自衒其貨，君子不自矜其學，非有意匿之也。故曾子曰："有若無，實若虚。昔者吾友嘗從事於斯矣。""虚""無"相韵。【釋曰】此自是古語，而曾子述之。《史記·老子列傳》老子曰："吾聞之，良賈深藏若虚，君子有盛教容貌若愚。"同是此言，而有意晦藏之。此老、莊之學所以大異於孔、曾也。弟子問於曾子曰："夫士何如，則可爲達矣？"【注】達，通也，通於學也。【釋曰】《群書治要》"可"下無"以"字，今本有之。曾子曰："不能則學，疑則問，欲行則比賢，雖有險道，循行達矣。【注】比賢，如見賢思齊焉。險道，難通之道。君子之學，難者弗辟也。率行既久，乃漸通達，無一旦通徹之效。【釋曰】"率，循"訓本《爾雅》。循，若"循牆而走""循山而南"。蓋積步成里，積里成百，始能漸次及遠，故顔子曰："夫子循循然善誘人，博我以文，約我以禮。"此亦謂次第漸進。故聖門教學，與年漸進，非積學多年，而悟徹在一旦也。《群書治要》"循"作"脩"，字誤義短，今不從。今之弟子，病下人，不知事賢，恥不知而又不問，【注】孔檢討云："病，病之也。"下人，下於人也。子張問達，子曰："慮以下人。"欲作則其知不足，【注】臧鏞堂云:"知不足而欲作,孔子所謂'不知而作'也。孔、曾之學貴博,多聞,擇善而從之,多見而識之,則知足矣。"【釋曰】知,平聲。是以惑闇,惑闇終其世而已矣,是謂窮民也。"【注】閔之也。曾子門弟子或將之晋,曰:"吾無知焉。"【注】孔檢討云:"無相知者。"曾子曰:"何必然?往矣。有知焉謂之友,【注】盧僕射云:"曰友之也。"無知焉謂之主。【注】盧僕射云:"且客之而已。"孔檢討云:"若'主顔讎由'之'主'。"且夫君子執仁立志,先行後言,千里之外,皆爲兄弟。【注】言人親之若兄弟。曾子曰:"君子以文會友,以友輔仁。"盧僕射云:"故曰'君子何患乎無兄弟也'。"【釋曰】《太平御覽》四百一十九引此,無"立"字,無"爲"字,"弟"下有"也"字。《説苑》孔子曰:"效其行,修其禮,千里之外,視如兄弟。"苟是之不爲,則雖汝親,庸孰能親汝乎?"【注】汝親,若兄弟然。盧僕射云:"庸,用也。孰,誰也。"

凡五百七十六字。【釋曰】舊校本有"凡三章"三大字,"新别"二字。① 又云:"凡五百七十字。"孔氏定爲五百六十四字,元今定爲五百七十六字。

曾子制言中

【注】《大戴禮記》弟五十五,今爲《曾子》弟七。

曾子曰:君子進則能達,退則能静。【注】能,讀若耐。無矜滿惰佚之心,故耐顯達;無浮慕躁忿之志,故耐寧静。【釋曰】《説文》"能"訓獸堅中,故稱賢能。經籍中又多以"耐"爲"能"者,"耐"爲"能"假借字。耐事,即能事。其義相同,其音略轉耳。豈貴其能達

① "二"下,疑脱一"小"字。

哉？貴其有功也。豈貴其能静哉？貴其能守也。夫唯進之何功，退之何守，**【注】**盧僕射云："問君子進退，其功守何如。"是故君子進退有二觀焉。**【注】**盧僕射云："言有二等可觀。"故君子進，則能益上之譽，而損下之憂。**【注】**盧僕射云："謂其功也。"元謂忠實匡助，歸美於君，益上之譽也；興利除弊，教養及民，損下之憂也。不得志，不安貴位，不懷厚禄，負耜而行道，凍餓而守仁，**【注】**盧僕射云："謂其守也。"元謂道，猶路也。**【釋曰】**盧本作"懷"，宋、元本訛作"博"。《文選》楊子幼《報孫會宗書》注引此作"懷"，從之。注"謂其守也"四字，宋本誤入正文。盧以上"謂其功也"注例此，改歸注。則君子之義也。**【注】**盧僕射云："其功守之義。"**【釋曰】**此"謂其功守之義"，亦注文，而宋本誤入正文。孔氏以上二句注例此，改歸注，是也。王給事云："'其'上，似仍脱一'謂'字。"有知之，則願也；莫之知，苟吾自知也。**【注】**不自張其功守之義。吾不仁其人，雖獨也，吾弗親也。**【注】**知其人之不仁，己雖無友，亦不近之。故周公曰："不如我者，吾不與處，損我者也；與吾等，吾不與處，無益我者也。吾所與處者，必賢於我。"**【注】**聖門論交，各有不同。故子夏曰："可者與之，其不可者拒之。"子張曰："君子尊賢而容衆，嘉善而矜不能。"曾子守約，其引周公遺言，與子夏相合，與子張不同，故曾子曰："堂堂乎張也，難與竝爲仁矣。"**【釋曰】**各本皆以此三十七字，合前注"人而不仁，不足友也"八字，共四十五字，皆爲"吾弗親也"下盧氏注文，學者久已疑其不類矣。汪容甫疑"周公曰"以下皆是正文，是也。然無確據，故人罕從之。元案，《吕氏春秋·觀世》篇云："周公旦曰：'不如吾者，吾不與處，累我者也；與我齊者，吾不與處，無益我者也。惟賢者必與賢於己者處。'"據此，可知此三十七字爲正文無疑矣。《吕覽》之文，多有從《曾子》竊去略加改易者。以此相較，明《吕》改《曾子》正文也。《吕覽》此節與"雖獨弗親"不甚近切，盧不應引之。即引之，亦斷不能改易如此之多，又可知非盧襲《吕》，其非盧注文明矣。故今歸之正文。故君子不假貴而取寵，【注】假借貴要，取寵於君。不比譽而取食，【注】比，親合也。互相稱譽以干禄。【釋曰】“比”義本《射義》鄭注，去聲。直行而取禮，【注】盧僕射云：“行正則見禮也。”比説而取友，【注】志同道合，乃相親合而説。孔子曰：“有朋自遠方來，不亦樂乎。”【釋曰】舊校本云：“取，亦作‘交’。”有説我，則願也；莫我説，苟吾自説也。【釋曰】説，同“悦”。故君子無悒悒於貧，無勿勿於賤，無憚憚於不聞。【注】悒悒，不舒之貌。勿勿，趣於賤而遽也。憚憚，勞心也。【釋曰】“悒”訓本《一切經音義》引《倉頡篇》。《説文》曰：“勿，州里所建旗，所以趣民，故遽稱勿勿。”“勿勿”有“黽勉”之義。黽勉者必趣遽，義相成也。戴校“勿勿”爲“忽忽”，非是。“憚”義見《立事》篇。布衣不完，疏食不飽，蓬户穴牖，日孜孜上仁。【注】疏，麤也，謂糲米也。孜孜，勤也。孔檢討云：“上，尚也。”【釋曰】疏，孔本作“蔬”，非是。“孜”，舊校本云：“一作‘孳’。”“疏”義本《詩·大雅》“彼疏斯粺”鄭箋。知我，吾無訢訢；不知我，吾無悒悒。是以君子直言直行，不宛言而取富，不屈行而取位。【注】訢訢，喜也。宛，猶屈也。【釋曰】“訢”“宛”義皆本《説文》。畏之見逐，智之見殺，固不難。詘身而爲不仁，宛言而爲不智，則君子弗爲也。【注】畏，惡也。言行見惡於君，故逐。言君子立朝事君，當正直不阿，與平居謹身慎言不同。此曾子之學也。【釋曰】汪容甫云此“畏”乃“仁”之訛，孔檢討又直改正文爲“仁”，因下有“仁”“智”兩節也。元謂此不必改。“畏”之爲“惡”聲轉義近，故《説文》《廣雅》皆曰：“畏，惡也。”“惡”義正兼下“不受言行”二節爲言，且承上“直言直行”爲言。君子雖言不受，必忠，曰道；雖行不受，必忠，曰仁；雖諫不受，必忠，曰智。【注】君雖不受，臣必盡忠，乃所以爲道、仁、智。天下無道，循道而行，衡塗而僨，手足不揜，四支不被。《詩》云:“行有死人,尚或墐之。”則此非士之罪也,有士者之羞也。【注】盧僕射云:“衡,横也。僨,僵也。手足,即四支。説者申慇勤耳。”元謂士見逐於君,窮死道路,必有爲之路冢者,此非士罪,乃有士者之恥。此勖士之勿以直言直行爲悔,所謂“生以辱,不如死以榮”。《詩》,《小雅·小弁》之六章。【釋曰】盧云:“宋、元舊本竝以注‘手足’十一字入正文,又譌‘即’爲‘節’,今改正。”是也。戴校本、孔本竝謂《詩》詞十字亦注文,則非也。“則此”,戴據《永樂大典》本改作“此則”,今不從。凡戴所云《大典》本,似不足深據,故皆未從。“有士”,戴本改作“有土”,亦非。《詩》毛傳云:“墐,路冢也。”是故君子以仁爲尊。天下之爲富,何爲富?則仁爲富也。天下之爲貴,何爲貴?則仁爲貴也。【注】《孟子》曰:“夫仁,天之尊爵也。”尊爵,兼下“富貴”爲言。曾子曰:“晋楚之富,不可及也。彼以其富,我以吾仁。”【釋曰】舊校云:“一作‘君子天下之爲仁,則以仁爲尊也;天下之爲富,則以仁爲富也;天下之爲貴,則以仁爲貴也。’”昔者舜,匹夫也。土地之厚,則得而有之;人徒之衆,則得而使之。舜唯以得之也。是故君子將説富貴,必勉以仁也。【注】馬宗槤云:“以,用也。用仁得之也。君子必勉於所用之仁也。”元謂人之言富貴者,必勉之於仁。【釋曰】汪容甫云:“‘以’字是‘仁’字之譌。”王引之云:“‘以’下蓋脱‘仁’字。”戴云《大典》作“仁”,似未足據。馬説不改字,義可通,故從之。馬云:“古人辭質,此句承上文‘以仁爲尊’,則‘以’不須改。”昔者伯夷、叔齊,仁者也。死於溝澮之間,其仁成名於天下。夫二子者,居河、濟之間,非有土地之厚、貨粟之富也。【注】夷、齊,孤竹君之二子,兄弟交讓其國,餓死首陽山下。此言寧死而得仁,不以不仁得富貴,故孔子曰:“求仁而得仁,又何怨?”注溝曰澮。死於溝澮,猶曰經於溝瀆,即“衡塗而僨”也。河、濟之間,今山東武定府濱州海豐縣之間,孟子所謂“北海之濱”,夷、齊未至首陽時所居。【釋曰】《太平御覽》四百一十九引“伯夷、叔齊”下有"仁者也"三字，此宋本之最確可據者，且與上"匹夫也"三字同例。今各本皆脱，故補之。孫侍御志祖云："《困學紀聞》引《曾子》'溝澮'作'濟澮'。"丁教授杰曰："宋諱亦避'溝'字，或厚齋有意改之。"首陽山，《史記正義》凡五處，謂在蒲州及偃師者，皆非河、濟之間。葢河、濟之間，即北海之濱，初遜國時所居，至歸周後，始餓死首陽山。若王伯厚遷就爲一地，則不合矣。言爲文章，行爲表綴於天下。**【注】**凡樹臬以著望曰表，複繫物於表曰綴，皆所以正疆土，及人行立者。**【釋曰】**綴者，以物聯物之名，故凡以木竿繫物皆曰綴。《説文》："叕，叕聯也。象形。"《禮記·郊特牲》曰："郵表畷。"此言田間樹臬以正疆界，或表或綴，各以遠近爲數。通言之，"綴"可訓"表"。其實有繫物不繫物之分，故《説文》又訓"畷"爲"兩陌間"也。至於人舞立行止之位，亦用之，《禮記》謂之"綴兆"。《尚書》之"綴衣"，亦謂以竿繫衣。《詩·曹風》"何戈與祋"，"祋"與"綴"音義相同，故《説文》解"祋"爲"高縣羊皮"也。揚州古銅盤銘内言田原之界，屢言"一表一表"，表即綴也。表，宋本訛作"喪"，朱本作"衺"。是故君子思仁義，晝則忘食，夜則忘寐，日旦就業，夕而自省，以殁其身，亦可謂守業矣。**【釋曰】**殁，宋本訛"役"，盧本改"殁"。"日旦"以下四句，與《立事》篇同，惟"省"下少一"思"字。

凡五百二十九字。**【釋曰】**舊校云凡四百八十字，孔氏定爲四百七十九字，元今定爲五百二十九字。

曾子制言下

【注】此篇專言秉德安貧，不仕亂世之義。《大戴禮記》弟五十六，今爲《曾子》弟八。

曾子曰：天下有道，則君子訢然以交同；天下無道，則衡言不革。**【注】**訢，喜也。盧僕射云："衡，平也。"元謂革，急也。謂孫其言以遠害。**【釋曰】**“訢，喜”本《説文》。“革”“急”古同音，每相假借。《禮·檀弓》“夫子病革矣”，鄭讀爲急，是也。諸侯不聽，則不干其土；聽而不賢，則不踐其朝。**【注】**干，犯也。犯土，謂入其境。践朝，謂受其爵。**【釋曰】**“干”訓本《説文》。是以君子不犯禁而入人境，**【注】**盧僕射云：“及郊，問禁請命。”**【釋曰】**“及郊”以下盧注六字，各本皆以爲正文，惟戴庶常改爲注，孔本從之。元案，此雖無據，而其迹之誤甚顯，故可從也。自“曾子曰天下有道”以下，皆語語相偶，無散亂之句，故知“不通患”七字，正與“不犯禁”七字相對待以成文，此中斷不致羼入“及郊”六字也。“入人”字，宋本譌爲“入入”，盧學士校改，今從之。不通患而出危邑，**【注】**通，共也，猶交同也。邑之有危難者，不與交同共其難，而出於其間，故曾子避越寇。**【釋曰】**“出”有“經過”之義，故《曲禮》曰：“離立者，不出中間。”言行過其中也。此篇曾子之意，主于處無道之世，不仕人國，遠害安貧，與“謀人邦邑，危則亡之”之義相遠。此句仍是承上爲言。“不通患”者，即訢然交同之反也。訓“通”爲“共”者，義本《後漢書·來歷傳》注。盧僕射注“師敗不苟免”，失曾子本義，故“通”字礙不可解。戴遂臆改爲“避”字，孔本從之，非也。邑，宋本譌“色”。越寇，見下。則秉德之士不讇矣。**【注】**不讇亂國之君，以求爵邑。故君子不讇富貴以爲己説，不乘貧賤以居己尊。**【注】**不讇君卿使説己。乘，謂自出其上也。凡行不義，則吾不事；不仁，則吾不長。**【注】**不事，言不臣不義之諸侯。不長，言不臣不仁之公卿大夫。**【釋曰】**《周禮·天官·冢宰》“乃施則於都鄙，而建其長”，注：“長，謂公卿大夫、王子弟之食采邑者。”奉相仁義，則吾與之聚群。**【注】**盧僕射云：“相，助也。”元謂相，承也。臣之以仁義承助其君者，則與之同朝。**【釋曰】**“奉”訓本《説文》，“相”訓本《爾雅》。嚮爾寇盜，則吾與慮。**【注】**爾，近也。與，讀如“未有與焉”之“與”。無仁義而近有寇盜，則吾與其禍是慮。故曾子居武城，有越寇，曾子去。寇退，曾子反。沈猶有負芻之禍，從曾子者七十人，未有與焉。孟子謂曾子師也，父兄也，故去留無毁。【釋曰】事見《孟子·離婁下》。案魯有兩武城，此武城乃曾子所寓之武城，在今山東沂州府費縣西南，與曾子所生之南武城，在濟寧直隸州嘉祥縣南者不同。戴校本從《大典》"與"上加"不"字，今不從。國有道則突若入焉，國無道則突若出焉，如此之謂義。【注】突，猝然相見也。【釋曰】盧注于"入焉"下，引《詩·秦風》"鴥彼晨風"二句爲注，此或以"鴥"字注"突"字耳，未必正文即是"鴥"字，戴氏直改爲"鴥"，未敢遽從。陸佃《埤雅》鸇類引《曾子》正文作"突"，可見宋以前"突"字本不誤。今注訓"突"爲"猝然相見"者，出入其國，決然甚速。《方言》曰："江、湘之間，凡猝然相見謂之棐相見，或曰突。"《説文》："突，不順忽出也。"《廣雅·詁二》："突，猝也。"夫有世義者哉，曰：仁者殆，恭者不入，慎者不見使，正直者則邇於刑，弗違則殆於罪。【注】夫有世，言有此亂世也。王引之云："哉，讀爲烖，字訛也。"元謂"曰"字衍，或爲"行"字之訛。入，讀爲納。言當世於行仁義者則烖危之，恭敬者不納其言，謹慎者不見使用，正直犯諫者近之於刑戮，賢者居其國弗去必危罪矣。孟子曰："無罪而殺士，則大夫可以去；無罪而戮民，則士可以徙。"【釋曰】王引之云："'世有'二字，直貫至'刑'字。"義者與仁者同，"仁"上"曰"字自是衍文。或是上注文"宜"下有小"也"字，而訛爲大"曰"字。戴校删之，今未敢遽删。是故君子錯在高山之上，深澤之污，聚橡、栗、藜、藿而食之生，耕稼以老十室之邑。【注】錯，藏也。污，水窊下也。橡，栩也，實可食。《列子》曰："冬食橡栗。"藜草，似蓬。藿，豆葉。劉向曰："曾子布衣緼袍未得完，糟糠之食、藜藿之羹未得飽，義不合，則辭上卿。不恬貧窮，安能如此？"許宗彦云："生，謂食之而生。"【釋曰】"錯"訓本《廣雅》，"污"訓本《説文》，"橡"義本《廣雅》及《玉篇》《周禮·掌染》鄭注。《列子》，見《天瑞》篇。"藜"義見《漢書·司馬遷傳》注，"藿"義見《儀禮·公食大夫禮》鄭注。劉向説，見《説苑·立節》篇。《莊子》言曾子居衛，曳縱而歌《商頌》，及《説苑》言齊景公以下卿禮聘曾子，皆未可據，故不以爲説。是故昔者禹見耕者五耦而式，過十室之邑則下，爲秉德之士存焉。【注】五耦，十人也。秉德之士，謂貧隱不仕亂世者也。【釋曰】式，宋本譌"武"。

凡二百二十九字。【釋曰】舊校無字數，孔氏定爲二百二十八字，元今定爲二百二十九字。

曾子十篇卷四

揚州阮元注并釋

曾子疾病

【注】此記曾子將卒之言。曾子曰："鳥之將死，其鳴也哀。人之將死，其言也善。"《大戴禮記》弟五十七，今爲《曾子》弟九。

曾子疾病，**【注】**盧僕射云："疾困曰病。"曾元抑首，曾華抱足。**【注】**抑首，當如《説苑》作"抱首"。華，當如《檀弓》作"申"。皆字形相近之訛。元與申，曾子二子。曾元嘗游於燕。申字子西，子夏以《詩》傳曾申，左邱明作《春秋傳》，亦授曾申。**【釋曰】**《説苑·敬慎》篇亦作"曾華"，《漢書·王吉傳》王駿曰"子非華、元"，葢漢人皆以爲曾華。惟《檀弓》曰"曾子寢疾病，曾元、曾申坐於足"，作"申"字。《困學紀聞》曰："楚鬥宜申、公子申，皆字子西，則曾西之爲曾申無疑。"據此，則《孟子》趙岐注以曾西爲曾子之孫，亦誤也。《荀子·法行》篇作"曾元持足"。曾元游燕事，見《荀子·大略》篇。《詩》傳、《春秋傳》語，本《經典叙録》。曾子曰："微乎，吾無夫顏氏之言，吾何以語汝哉？然而君子之務，蓋有之矣。**【注】**微，猶無，止辭也。《檀弓》曾子曰："微與，其嗟也可去，其謝也可食。"孔檢討云："顏氏，子淵也。"元謂顏子死，弟子必有記言，惜今鮮傳。有君子之務，謂後之所言。**【釋曰】**蓋，閣本如此，今本皆作"盡"。"然而"二句，《説苑》作"雖無能，君子務益"。夫華繁而實寡者，天也。言多而行寡者，人也。鷹、隼以山爲卑，而曾巢其上；魚、鼈、黿、鼉以淵爲淺，而蹷穴其中。卒所以得之者，餌也。是故君子苟無以利害義，則辱何由至哉？【注】鷹、隼，皆鷙鳥。曾，與“增”同。王編修引之云：“蹷，讀爲撅，掘也。”盧僕射云：“生生之厚，動之死地也。”【釋曰】《群书治要》無“曾”字，“淵”作“川”，“蹷”作“窟”，“卒”下有“其”字，“德”下無“之”字，“無以”作“毋以”，今皆不從之。隼从隹，俗本又加鳥，今改正。《荀子·法行》篇“隼”作“鳶”，“曾”作“增”，“蹷穴”作“堀説”。《説苑》十“鷹隼”作“飛鳥”，“曾”作“層”，十六又作“鷹鷲”，作“增巢”，“蹷穴”作“穿穴”。《御覽》九百廿六引《曾子》“隼”作“鶻”，“山”上多“太”字，①“卑”作“下”，“曾”作“增”。《荀子·法行》篇引曾子曰：“君子苟能無以利害義，則恥辱亦無由至矣。”注以“曾”爲“增”者，《爾雅》：“曾，重也。”《孟子》曰：“曾益其所不能。”王引之云：“《逸周書》‘貑有蚤而不敢以撅’，‘撅’與‘蹷’同。《左傳》云‘闕地見泉’，‘闕’‘蹷’‘撅’同義也。《荀子》作‘堀’，堀即掘，尤可證之。”盧注舊本皆爲“生生”，惟盧本誤爲“求生”。孫侍御志祖云：“‘生生之厚，動之死地’二句，全用《老子》。”丁教授杰云：“《抱朴子·知止》篇：‘生生之厚，殺我生生矣。’”親戚不説，不敢外交；近者不親，不敢求遠；小者不審，不敢言大。【注】孔檢討云：“古者謂父母爲親戚。《春秋左傳》伍尚曰：‘親戚爲戮。’”元謂不順乎親，不信乎朋友矣。曾子曰：“内疏而外親，不亦反乎？”【釋曰】《説苑·建本》篇作“親戚不説，無務外交；比近不説，無務修遠。”《群書治要》“求遠”作“來遠”，今不從之。曾子語，見《荀子·法行》篇，又見《韓詩外傳》二卷。② 故人之生也，百歲之中，有疾病焉，有老幼焉，故君子思其不可復者而先施焉。親戚既殁，雖欲孝，誰爲孝乎？年既耆艾，雖欲弟，誰爲弟乎？故孝有不及，弟有不時，其此之謂

① “上”，原作“土”，據《皇清經解》本改。

② “二卷”，疑當作“卷二”。

與？【注】疾病、老幼皆當仁愛，尤以孝弟爲先。不復者，謂父母兄長之年也。五十曰艾，六十曰耆。己之年耆艾，則兄長多故矣。曾子曰："往而不可還者，親也；至而不可加者，年也。是故孝子欲養而親不逮也，木欲直而時不待也。是故椎牛而祭墓，不如雞豚逮親存也。"【釋曰】"有老"，宋本訛作"者老"。《群書治要》"復"上有"可"字，戴庶常校本據《大典》"復"上加"可"字，今從之，各本皆無"可"字。"爲孝""爲弟"下，《治要》有兩"乎"字，今從之，各本皆無。"艾""耆"訓見《曲禮》。曾子語，見《説苑》卷二。言不遠身，言之主也；行不遠身，行之本也。言有主，行有本，謂之有聞矣。【注】曾子之學，皆本於身，不求言行於虛遠之地，以身爲言行所從出，故日省其身。有聞者，如子路有聞。【釋曰】此下劉本有注文"知身是言行之基，可謂聞矣"十一字，或訛入正文。聞，平聲。君子尊其所聞，則高明矣；行其所聞，則廣大矣。高明廣大，不在於他，在加之意而已矣。【注】董仲舒對策引曾子此言，欲武帝尊所聞而行之，卒能推明孔氏，抑黜百家，儒學帝治，無不同也。【釋曰】《漢書・董仲舒傳》引《曾子》"廣大"作"光大"，"光"乃"廣"音近假借字。《傳》中"行其所聞"作"知"，"加之意而已"無"矣"字，皆董策所删改。《群書治要》"加"上無"在"字，"意"作"志"，今不從。與君子游，苾乎如入蘭芷之室，久而不聞，則與之化矣；與小人游，貸乎如入鮑魚之次，久而不聞，則與之化矣。是故君子慎其所去就。【注】苾，馨香也。蘭，蕳也。芷，白茝也。皆香草。王編修引之云："'貸'乃'膱'字之訛，膱乃膏液敗臭也。"元謂鮑者糗乾之。次，舍也。【釋曰】《文選・辨命論》注引《大戴禮》此文，"貸"作"臭"，"次"作"肆"，皆不可從。《家語・六本》篇云："與善人居，如入芝蘭之室，久而不聞其香，即與之化矣；與不善人居，如入鮑魚之肆，久而不臭，亦與之化矣。"此王肅妄改《曾子》書，以爲孔子對曾子之言，不可從。"貸乎如入鮑魚之次"，《群書治要》作"膩乎如入魚次之室"，今不從之。戴本據《大典》改“貸”爲“膩”者，亦非。馬總《意林》誤作“戲”，《文選注》引作“臭”，亦誤。蓋古本作“膱”字，“貸”“膩”“戲”皆形近之訛。《考工記・弓人》注：“樴，讀爲‘脂膏膱敗’之‘膱’。”《釋文》引吕忱云：“膱，膏敗也。”“膱”與“膱”音義亦同。若王肅之改爲“臭”，直妄改以示異耳。“苾”訓本《説文》。“蘭”義本《詩・鄭風》毛傳義。芷，《説文》曰：“蘺也。”蘺，楚謂之蘺，晋謂之蘺，與江蘺有異。芷即茝，古今字也。《家語》改“蘭芷”爲“芝蘭”，按芝爲神草，與芷不同，尤失古義矣。“糗”義本《周禮・籩人》鄭注。“次”義本《左・襄廿六年》杜注。《文選・辨命論》注引“就”下有“者也”二字。又《太平御覽》“交友”引《曾子》“次”亦作“肆”，“久而不聞其香”“久而不聞其臭”，多“其香”“其臭”四字。與君子游，如長日加益，而不自知也；與小人游，如履薄冰，每履而下，幾何而不陷乎哉？【注】日行出赤道北，不覺其長。【釋曰】戴氏校殿本，改盧注“如日之長”爲“如身之長”，則讀正文“長”字爲上聲矣。然《漢書・董仲舒傳》云：“積善在身，猶長日加益，而人不知也；積惡在身，猶火之銷膏，而人不見也。”董以“火”對“日”爲言，則此正文言日晷之長無疑，未可遽改盧注也。吾不見好學盛而不衰者矣，吾不見好教如食疾子矣，【注】食，謂乳養之也。【釋曰】閣本無“盛”字。“食”義本《禮記・内則》鄭注。孔云：“食，音飤。‘子’字下，宋本脱‘者’字，從《大典》增。”元謂諸宋、元本皆無“者”字，未可遽增。吾不見日省而月考之其友者矣，【注】孔子曰：“就有道而正焉。”吾不見孜孜而與來而改者矣。”【注】與，許也。來學而改過者，許而教之，勤引後進也。孔子曰：“與其進也。”【釋曰】汪晫本此後尚有“官怠於宦成，病加於少愈，禍生於懈惰，孝衰於妻子。察此四者，慎終如始。《詩》曰‘靡不有初，鮮克有終’”三十八字，乃據《説苑・敬慎》篇續入，非《大戴》曾子十篇中文也。又丁教授杰曰：“此末句盧注云‘謂擇善而改’，非也。似本文‘來’字爲‘采’字之訛，故盧以‘擇’訓之。”姑存此説，未敢遽改。

凡三百八十五字。【釋曰】舊校無字數,孔氏定爲三百八十五字,今元定爲三百八十五字。

曾子天員

【注】此篇言聖人察天地陰陽之道,制禮樂以治民,所言多《周易》《周髀》《禮經》、明堂月令之事。首言天員之道,遂以名篇。《大戴禮記》弟五十八,今爲《曾子》弟十。【釋曰】程榮本作"員",盧、戴校本皆作"圓","員"古字,"圓"俗字也。今改正。

單居離問於曾子曰:"天員而地方者,誠有之乎?"曾子曰:"離,而聞之云乎?"【注】單居離,曾子弟子。盧僕射云:"而,猶汝也。汝聞則言之也。"單居離曰:"弟子不察,此以敢問也。"曾子曰:"天之所生上首,地之所生下首。【注】天動地静,古人物動者屬天,其首恒在上;艸木静者屬地,其首恒在下。地上空虚無土之處皆天,故凡動者皆天所生。艸木甲坼而生,以根爲首,枝爲末也。人以頭爲首,故《説文》曰:"髮,根也。"《易》曰:"本乎天者親上,本乎地者親下。"臨海周治平云:"人物有息以接天氣,故上首;艸木有根以承地氣,故下首。"【釋曰】"此以",戴本據《大典》改爲"以此",非是。《大戴》屢有"此以"文法,《四代》篇、《虞戴德》篇皆見之。謂無土皆天者,《易》曰:"天在山中。"上首之謂員,下首之謂方。【注】盧僕射云:"因謂天地爲方員也。《周髀》曰:'方屬地,員屬天,天員地方也。'"元謂謂之者,謂其道,非謂其形也。如誠天員而地方,則是四角之不揜也。【注】方員同積,則員者必不能揜方之四角。今地皆爲天所揜,明地在天中。天體渾員,地體亦員也。《曾子》及《周髀》本言地員,自周末疇人子弟散在四夷,古法始微。《周髀》曰:"日運行處極北,北方日中,南方夜半。日在極東,東方日中,西方夜半。日在極南,南方日中,北方夜半。日在極西,西方日中,東方夜半。"據此,則知周時説地體亦渾員，所由準北極高下，分里差時差，以驗交食，蓋天實具渾天之法也。梅徵君文鼎云："地員可信，《大戴禮》有曾子之説。"【釋曰】元西域扎馬魯丁造西域儀象，有所謂"若來亦阿兒子"，漢言"地理志"也。其製，以木爲圓球，七分爲水，其色緑；三分爲土，其色白。畫江湖海，貫串於其中。兼作小方井，以計幅員之廣袤，道里之遠近。此即元、明以來西説地圓之祖。西説之精詳者，見熊三拔《表度説》。其意以地體渾圓，在天之中。若令地球不在天中，則在地之景必不能隨日周轉，且遲速不等矣。今春秋二分，日輪六時在地平上爲晝，六時在地平下爲夜。非在正中而何？地體本圓，故一日十二辰，更迭互見。如正向日之處得午時，其正背日之處得子時。處其東三十度得未時，處其西三十度得巳時。相去二百五十里而差一度，又七千五百里而差一時。若以地爲方體，則惟對日之下者其時正，處左處右者必長短不均矣。西域此説，即曾子地圓之意，亦即《周髀》"日行"之意，非創解也。梅徵君《天學疑問》曰："西人言水地合一圓球，而四面居人。其地度經緯正對者，兩處之人以足版相抵而立。其説可從與？曰：以渾天之理徵之，則地之正圓無疑也。是故南行二百五十里，則南星多見一度，而北極低一度；北行二百五十里，則北極高一度，南星少見一度。若地非正圓，何以能然？所疑者，地既渾圓，則人居地上，不能平立也。然吾以近事徵之，江南北極高三十二度，浙江高三十度，相去二度，則其所戴之天頂即差二度，各以所居之方爲正，則遥看異地，皆成斜立。又況京師極高四十度，瓊海極高二十度，若自京師而觀瓊海，其人立處皆當傾跌。而今不然，豈非首戴皆天，足履皆地，初無欹側，不憂環立歟？然則南行而過赤道之表，北行而至戴極之下，亦若是矣。"元謂置丸猪膀胱中，吹氣足，閉之，丸可居中；置丸水盎中，急旋其水，丸必居中。此地爲天大氣包舉之驗也。地上數百丈，風與氣即急勁，況直上千萬里哉？故人與水在地不傾落者，天氣包舉之，準平繩直，人、水不知也。西洋有謂地心本重，人物各願就地心之重得附麗不脱之説，此説理仍未足。且來，吾語汝。參嘗聞之夫子曰：天道曰員，地道曰方，【注】且來者，呼之，使姑且來也。以下皆述孔子之言。盧僕射云："道曰方員耳，非形也。"元謂《易·説卦》曰："乾爲天，爲圜。"《文言》曰："坤至静而德方。"皆言其道也。聖人因方員以治天下，故周髀以笠寫天，立周天之度。禹用矩測高、深、遠，以治山川也。【釋曰】謂此下皆孔子言者，讀其文皆成一章，未嘗有曾子之言間雜其中也。《文選》宋玉《對楚王問》注引曾子曰"吾聞諸夫子曰：羽蟲之精者曰鳳"云云，是唐人皆讀以後之言屬之孔子也。《周髀算經》曰："古者包犧立周天之度。"又曰："方屬地，圓屬天，天圓地方，方數爲典，以方出圓，笠以寫天。"又曰："平矩以正繩，偃矩以望高，覆矩以測深，臥矩以知遠。"又曰："古禹之所以治天下者，此數之所生也。"元案，以笠寫天，蓋天也。渾天之象，即寓蓋天，故渾、蓋之法相通也。方曰幽，員曰明。【注】地道幽，天道明，故以爲天地之名。《易》曰："仰以觀於天文，俯以察於地理，是故知幽明之故。"【釋曰】《文選》盧子諒《時興詩》注、《太平御覽》卷二引此皆無"而"字，是。唐、宋舊本爲可據。今本"幽"下有"而"字，删之。明者，吐氣者也，是故外景；幽者，含氣者也，是故内景。【注】天陽吐氣，而其景在外；地陰含氣，而其景在内。《易》曰："坤，含弘光大。"又曰："含萬物而化光。"【釋曰】盧僕射云："景，古通以爲'影'字。"故火日外景，而金水内景。【注】日與火屬天，其景外照，月星從之；金與水屬地，其景内照，故鏡能含景。吐氣者施，而含氣者化，是以陽施而陰化也。【注】人物生於地，然非得日氣不生，故周髀曰："北極下，不生萬物。中衡左右，冬有不死之草。"【釋曰】《淮南子·天文訓》襲此節文曰："天道曰圓，地道曰方。方者主幽，圓者主明。明者，吐氣者也，是故火曰外景；幽者，含氣者也，是故水曰内景。吐氣者施，含氣者化，是故陽施陰化。"陽之精氣曰神，陰之精氣曰靈。神靈者，品物之本也，【注】品，衆庶也。《易》曰："大哉乾元，萬物資始，乃統天，雲行雨施，品物流形。至哉坤元，萬物資生，乃順承天。坤厚載物，德合无疆，含弘光大，品物咸亨。”此天地神靈所以陽施陰化，成品物之形，故爲品物之本。【釋曰】“品”訓本《説文》。而禮樂仁義之祖也，【注】祖，始也。《禮記》曰：“天高地下，萬物散殊，而禮制行矣。流而不息，合同而化，而樂興焉。春作夏長，仁也。秋斂冬藏，義也。仁近於樂，義近於禮。樂者敦和，率神而從天。禮者别宜，居鬼而從地。禮樂極乎天而蟠乎地，行乎陰陽而通乎鬼神。”【釋曰】“祖”訓本《爾雅》。《記》文，見《樂記》。而善否治亂所興作也。【注】班孟堅曰：“人函天地陰陽之氣，有喜怒哀樂之情。天稟其性，而不能節也。聖人能爲之節，而不能絶也。故象天地而制禮樂，所以通神明，立人倫，正性情，節萬事者也。人性有男女之情，妒忌之别，爲制婚姻之禮；有交接長幼之序，爲制鄉飲之禮；有哀死思遠之情，爲制喪祭之禮；有尊尊敬上之心，爲制朝覲之禮。正人足以副其誠，邪人足以防其失。故昏姻之禮廢，則夫婦之道苦，而淫僻之罪多；鄉飲之禮廢，則長幼之序亂，而争鬥之獄蕃；喪祭之禮廢，則骨肉之恩薄，而背死忘生者衆；朝覲之禮廢，則君臣之位失，而侵凌之漸起。故孔子曰：‘安上治民，莫善於禮。移風易俗，莫善於樂。政㠯行之，刑㠯防之。’”董仲舒曰：“王者欲有所爲，宜求其端於天。天道大者，在於陰陽，陽爲德，陰爲刑。天使陽常居大夏，而以生育長養爲事，陰常居大冬，而積於空虚不用之處，㠯此見天地之任德不任刑也。”【釋曰】班、董説，皆見《漢書・禮樂志》。陰陽之氣各從其所，則静矣。【注】近於日爲陽，遠於日爲陰。夏多陽，冬多陰；南多陽，北多陰；晝多陽，夜多陰。是其所也。【釋曰】“從”，各本作“静”，或作“盡”，惟高安本作“從”。偏則風，俱則靁，交則電，亂則霧，和則雨。陽氣勝則散爲雨露，陰氣勝則凝爲霜雪。陽之專氣爲雹，陰之專氣爲霰。霰、雹者，一氣之化也。【注】臨海周治平云：“萬物各有本所，故得其所則安，不得其所則强。及其强力已盡，自復居於本所焉。本所者何？如土最重。重愛卑，性居下。火最輕，輕愛高，性居上。水輕於土，在土之上。氣重於火，在火之下。然水比土爲輕，較火、氣爲重。氣比火爲重，較水、土爲輕。以是知水必下而不上，氣必上而不下矣。蓋水之情爲冷濕，火之情爲燥熱，土之情爲燥冷，氣之情爲濕熱。其情皆有偏勝，各隨其勝所。火、氣偶入水、土之中，必不得其安，而欲上行。水、土因氣騰入氣、火之域，亦必被强而欲下墮，各居本所矣。日光照地，與氣上升，偏於燥，則發爲風。火與土俱，挾氣上升，阻於陰雲，難歸本所。火土之勢，上下不得，亦無就滅之理，則奮迅決發，激爲雷霆，與氣交合，迸爲火光，居於本所，故云交則電。日氣入地，鬱隆騰起，結而成雲，上至冷際，爲冷情所化，因而成雨。正如蒸水，因熱上升，騰騰作氣，上及於蓋，蓋是冷際，即化爲水，下居本所。故雨者，冷、熱二氣相和而成也。若濕氣既清且微，是陽勝也。升至冷際，乃凝爲露。三冬之月，冷際甚冷，是陰勝也。雲至其處，既受冷侵，一一凝沍，皆是散圓，即成雪矣。露之爲霜，其理略同。蓋氣有三際，中際爲冷，上近火熱，下近地温，冷際正中，乃爲極冷。夏月之氣，鬱積濃厚，決絶上騰，力專勢鋭，逕至極冷之深際，驟凝爲雹。入冷愈深，變合愈驟，結體愈大矣。故雹體之大小，又因入冷之淺深爲差等，非如冬月雲氣徐徐上升，漸至冷之初際，而結體甚微也。故夏月雲足促狹，隔塍分壟，而晴雨頓異焉。冬時氣升冷際，化而成雨，因在氣中摩盪，故一一皆圓。初圓甚微，以漸歸并，成爲點滴，未至本所，又爲嚴寒所迫，即下成霰矣。故雹、霰者，皆陰陽專一之氣所結而成者也。"【釋曰】周生深于天算，兼習西洋之法。此乃融會中西之説爲之，其理甚明，故載用之。毛蟲毛而後生，羽蟲羽而後生。毛羽之蟲，陽氣之所生也。介蟲介而後生，鱗蟲鱗而後生。介鱗之蟲，陰氣之所生也。【注】孔檢討云："毛羽外見，故陽；介鱗水伏，故陰也。"唯人爲倮匃而後生也，【注】倮者包生。"包"訛爲"匃"。許慎曰："包，象人裹妊。"《月令》曰："中央土，其蟲倮。"倮蟲，人也。陰陽之精也。【注】人秉陰陽之精以生，故圓頂方趾。毛蟲之精者曰麟，羽蟲之精者曰鳳，介蟲之精者曰龜，鱗蟲之精者曰龍，倮蟲之精者曰聖人。【注】盧僕射云："麟、鳳、龜、龍，所謂四靈。"元謂《易本命》曰："鳥魚皆生於陰而屬於陽，故鳥魚皆卵。介鱗夏食冬蟄。齕吞者八竅而卵生，咀嚾者九竅而胎生。四足者無羽翼。有羽之蟲三百六十，而鳳凰爲之長；有毛之蟲三百六十，而麒麟爲之長；有甲之蟲三百六十，而神龜爲之長；有鱗之蟲三百六十，而蛟龍爲之長；倮之蟲三百六十，而聖人爲之長。此乾坤之美類，禽獸萬物之數也。"【釋曰】《周禮・大司徒》"土會之法"鄭注："毛物，羸物。"義與此異。高誘《吕覽》《淮南子》注："倮蟲，毛蟲。"義亦與此異。當以《曾子》及《易本命》義爲長也。龍非風不舉，龜非火不兆，此皆陰陽之際也。【注】盧僕射云："龜龍爲陰，風火爲陽，陰陽會也。"孔檢討云："《白虎通義》曰：'龜非火不兆，以陽動陰也。'"【釋曰】朱本脱"也"字。《永樂大典》本"不兆"下，多"鳳非梧不棲，麟非藪不止"十字，於陰陽之義無涉，戴本從之增入，非《曾子》本文也。"際"字，元本作"會"。兹四者，所以聖人役之也。【注】孔檢討云："役，使也。聖人以四靈爲畜也。"【釋曰】朱本作"所以役聖人之精也"，宋本作"所以役聖人之也"，盧本作"所以役於聖人也"，惟元本作"所以聖人役之也"，戴本、孔本從之。是故聖人爲天地主，爲山川主，爲鬼神主，爲宗廟主。【注】盧僕射云："鬼神，百祥也。因外祀，故在宗廟之上也。"孔檢討云："主，祭主也。"聖人慎守日月之數，以察星辰之行，以序四時之順逆，謂之歷。【注】日行一度爲一日，其數簡明，爲諸曜之主。月有朔、望之數。聖人必慎守日月之度數，而後可察五星恒星之行。星，五星也。辰，十二舍恒星也。四時順逆者，分至日躔之贏縮也。冬至之後，日行贏度爲太過；夏至之後，日行縮度爲不及。皆失其中，故謂之逆。春秋二分，日行平度，漸適其中，故謂之順。順逆有數，四時皆定，此聖人所序也。今欽天監贏縮之法，即孔子所言順逆也。故堯命羲、和，欽若昊天,歷象日月星辰,歲三百有六旬有六日,以閏月定四時成歲,以授舜,曰:"咨爾舜,天之歷數在爾躬。"舜亦以命禹。周武王訪箕子,以五紀明其法。周公問商高,以述《周髀》。此聖人所以治天也。【釋曰】日,日行一度。一歲一周天,雖有羸縮,不失其常,最爲簡明。月,日行十三度有奇,二十七日零一周天。其行有遲疾入轉,有入交遠近,有泛會,有實會,有視會,有正交,有中交,皆以所歷之日互相消長,而得其行度之真率,而後晦朔弦望交食淺深之數可得。由此以察星辰之行。星,五星也。五星之行,亦有遲疾入限,有合伏、衝伏,有退留、順留,有晨夕見、晨夕不見,有淩犯交食。皆由日月之度數,察而知其行度不齊之率。辰乃十二宫恒星分界之名也。恒星每年有行分,因生歲差,故曰星辰之行,亦以日月之數知其行率。今欽天監所用新法,日月五星各有本天,高卑遠近之行,因生加減。如日之行度凡三種,曰平行,曰本輪行,曰均輪行。月之行度凡九種,曰平行,曰自行,曰均輪行,曰次輪行,曰次均輪行,曰交行,曰最高行,曰距日行,曰距交行。五星之行,凡十有二類。土、木、火各有平行,爲一類。而金、水即以太陽之平行,是爲一類。土、木、火、金之次輪心皆行倍引數,爲一類。而水星之次輪心則行三倍引數,是獨爲一類。土、木、金、水之次輪半徑皆有定數,爲一類。而火星之次輪在本天最高則大,最卑則小,又視太陽在最高則大,最卑則小,是獨爲一類。土、木、火皆行距日度,爲一類。而金、水自有行度,又爲一類。土、木、火皆有本天,與黄道相交,以生緯度。次輪斜交本天,其面又與黄道平行,能加減其緯度,爲一類。而金、水之本天即爲黄道,本無緯度,因次輪斜黄道以生緯度,又爲一類。土、木、火皆有合有衝,爲一類。而金、水則有合,有退合,而無衝,是又爲一類也。蓋新法雖始於西人,實即古法之羸縮也。由孔子"順逆"之言求之,知羸縮即所謂順逆也。"堯命"以下,用《史記·律書》及《漢書·律志》義也。截十二管,以宗八音之上下清濁,謂之律也。【注】黄帝吹解谷之竹,以爲黄鍾之宫,制十二管,黄鍾、太蔟、姑洗、蕤賓、夷則、無射爲六律,林鍾、南吕、應鍾、大吕、夾鍾、中吕爲六吕。宗讀爲察，也讀爲吕，皆字之誤也。八音，土、竹、皮、匏、絲、石、金、木也。凡樂，中聲之上，則有半律，是爲清聲。中聲之下，則有倍律，是爲濁聲。【釋曰】宋本皆作“宗”字，乃“察”字形近之訛。《後漢書·明帝紀》注引《大戴禮》曰：“聖人截十二管，以察八音之清濁，謂之律吕。”此所引“察”字本不誤。高安本作“索”字，更誤矣。又《後漢書》注“律”下爲“吕”字，今各本或作“律也”，或無“也”字，實皆“吕”字空格，後人或妄加“也”字，或闕疑少一字也。律居陰而治陽，歷居陽而治陰，律、歷迭相治也，其間不容髮。【注】地效以響，故律候地氣；天效以景，故歷測天時；律居地以治天，故十二律應十二月，以律起歷；歷居天以治地，故儀象日月星辰，以授民時。迭，更也。不容髮，言其密。司馬遷云：“律歷更相治，間不容翲忽。”【釋曰】《文選》枚乘《上書諫吴王》注引此，“髮”下有“矣”字。“地效”“天效”二語，見《後漢書·律志》。《史記·太史公自序》曰“居陰治陽，居陽治陰”云云，以“更”代“迭”，以“翲忽”代“髮也”。聖人立五禮以爲民望，【注】五禮，吉、凶、賓、軍、嘉。【釋曰】本《周禮·春官·大宗伯》。制五衰以别親疏，【注】凡喪服，上曰衰，下曰裳。五衰者，斬衰、齊衰、大功、小功、緦麻，凡五等。由親而疏，皆衰也。【釋曰】義見《儀禮·喪服》鄭注。和五聲之樂以導民氣，【注】聞宫音，使人温舒而廣大；聞商音，使人方正而好義；聞角音，使人惻隱而愛人；聞徵音，使人樂善而好施；聞羽音，使人整齊而好禮。【釋曰】義見《史記·樂書》。合五味之調以察民情，【注】孔檢討云：“凡酸入肝，苦入心，甘入脾，辛入肺，鹹入腎。五味失調，則各偏一藏。故五情之發，亦不得其正。”正五色之位，【注】孔檢討云：“位青於東，朱於南，白於西，黑於北，黄位中焉。”成五穀之名。【注】盧僕射云：“五穀，黍、稷、麻、麥、菽也。”【釋曰】孔云：“盧注依《月令》文。”序五牲之先後貴賤：【注】盧僕射云：“五牲，牛、羊、豕、犬、雞。先後，謂四時所尚也。”元謂《月令》：“春羊，夏雞，中央牛，秋犬，冬彘。"諸侯之祭牲牛，曰太牢；大夫之祭牲羊，曰少牢；士之祭特牲豕，曰饋食。【注】此諸侯、大夫、士宗廟之祭也。太牢者，牛、羊、豕三牲，舉牛以該羊、豕。少牢者，羊、豕二牲，舉羊以該豕。士祭惟豕，故曰特牲也。饋食者，饋孰也。大夫少牢，亦饋食。兹徒言士饋食者，大夫既舉少牢，略言饋食也。天子之大夫，祭如諸侯，用太牢；天子之士，祭如大夫，用少牢。【釋曰】凡言太牢皆三牲，言少牢皆二牲，故《禮記·郊特牲》曰："郊特牲，而社稷太牢。"明太牢兼三牲之名也。今云牛曰太牢，羊曰少牢，明舉一以該其餘耳。"饋食"義見《儀禮》。《曲禮》曰："大夫以索牛，士以羊、豕。"此言天子之大夫如諸侯、士如大夫也。無禄者稷饋，稷饋者無尸，無尸者厭也。【注】無禄者，兼大夫、士失位及庶人而言。《王制》曰："大夫、士宗廟之祭，有田則祭，無田則薦。庶人春薦韭，夏薦麥，秋薦黍，冬薦稻。韭以卵，麥以魚，黍以豚，稻以雁。"鄭司農云："士薦牲用特豚，大夫以上用羔。"曰稷饋者，稷爲疏食，舉最粗者以該麥、黍、稻，明不足言牲也。厭者，不成祭，徒取厭飫之通名。厭祭有三，皆無尸。一爲大夫、士宗廟之祭，未迎尸以前，飫神爲陰厭。尸出之後，飫神爲陽厭。一爲殤祭，不立尸，不舉，無肵俎，無玄酒，①不告利成，爲陰厭。凡殤與無後者，祭於宗子之家，爲陽厭。一爲此篇孔子所言，無禄者，稷饋無尸也。無尸者，不成祭，禮準于厭，故亦得稱厭。不分陰陽，闕明文也。【釋曰】孔子此文但言無尸者皆可稱爲厭，其義自兼《儀禮》特牲、少牢兩饋食之厭而言，非但如《曾子問》殤祭之厭也。孔注但舉殤祭，其義未足。今兼用《儀禮注》及《曾子問》經注注之。蓋無尸者不成祭，徒取厭飫，皆可謂之厭。故孔子直謂無禄、無尸之祭名厭，非取殤祭之厭爲無禄者譬也。宗廟曰芻豢，山川曰犧牷。【注】盧僕射云："牛羊曰芻，犬豕曰豢。色純曰犧，體完曰

① "玄"，原作"元"，係避清康熙帝玄燁諱，今改回。

牷。宗廟言芻豢，山川言犧牷，互文也。山川謂岳瀆，以方色角尺，其餘用尨索也。”割列禳瘞，是有五牲。【注】割者，割牲體，宗廟正祭也。列者，副辜，祭蜡嗇也。禳者，冬春候禳，磔牲攘惡氣也。瘞者，祭山林，貍其牲。【釋曰】列，《説文》从𠳋刀，即今“裂”字。《周禮·大宗伯》“以副辜祭四方百物”，鄭司農注云：“披磔牲以祭。”後鄭云：“副牲胸。《郊特牲》曰：‘八蜡以祀四方。’又曰：‘蜡，祭司嗇也，祭百穀以報嗇也。’”《禮記·月令》云：“九門磔禳，以畢春氣。”又“冬大儺，亦磔禳。”又《周禮·夏官·小子》之“侯禳”，《春官·雞人》之“面禳”，皆磔牲以攘惡氣也。謂瘞爲貍牲者，《周禮·大宗伯》“以貍沈祭山林川澤”，後鄭注云：“山林曰貍，順其性之含藏。”此之謂品物之本，禮樂之祖，善否治亂之所由興作也。”【注】四靈、律歷以下，皆聖人法天地神靈以治人物之道。

凡五百八十八字。【釋曰】舊校無字數，孔氏定爲五百九十一字，元今定爲五百八十八字。

子華子

（晋）程本　撰
甯登國　點校

目　録[①]

---

① 該目録係點校者補作，原書無。

整理説明

一　今本《子華子》的僞書性質

在現存《吕氏春秋》一書中,《貴生》《先己》《誣徒》《明理》《知度》《審爲》等六篇曾分别徵引子華子言論以作“重言”,增强論辯的説服力。另外,《莊子・讓王》也載有“子華子見昭僖侯”一事。由此可以推斷,先秦時期原應有《子華子》一書,其“全生”思想與老莊道家思想相一致,故東漢高誘將其視爲道家一系:“子華子,古體道人也。”然而此書不見載於《宋史》之前的《藝文志》及諸家書目中,蓋秦火後無傳。

今本《子華子》上下二卷,始見載於南宋淳熙五年(1178)的《中興館閣書目》,《宋史・藝文志》也據此收録。《四庫全書總目提要》進一步指出其“出自宋南渡後,始刊板於會稽”。對於此書,《中興館閣書目》最早指出其僞書性質:“案《漢志》及隋唐二《志》《崇文總目》《國史藝文志》,悉無此書;吴兢、李淑二家書目亦不載,必近世依托也。”朱熹也指出此書“不惟決非先秦古書,亦非百十年前文字也”。其後諸家,如南宋晁公武《郡齋讀書志》、周氏《涉筆》、陳振孫《直齋書録解題》、黄震《黄氏日鈔》;明代宋濂《諸子辨》、胡應麟《四部正訛》;清代《四庫全書總目提要》直至近現代張心澂《僞書通考》《辭海》

等，都衆口一詞，斷其僞作，幾成定論。

學者們斷定今本《子華子》爲僞作的理由，歸納起來，主要有以下幾點。一、史籍乏載。此書《漢書·藝文志》無載，始見於南宋初年。二、文風不古。對於《子華子》行文特徵，朱熹認爲《子華子》"其詞故爲艱澀而理實淺近，其體務爲高古而氣實輕浮"。晁公武《郡齋讀書志》説："觀其文辭，近世依托爲之者也。"陳振孫《直齋書録解題》説："其文不古，然亦有可觀者，當出近世能言之流爲此以玩世耳。"至於該書前冠名劉向《原序》，朱熹認爲"殊不類向他書"；宋濂《諸子辨》也説："劉向校定諸書，咸有《序》，皆淵慤明整，而此文獨不類。"三、思想雜糅。對於《子華子》的思想傾向，朱熹認爲"其理多取佛、老、醫、卜之言，其語多用《左傳》、'班史'中字"；馬端臨《文獻通考》引周氏《涉筆》説："大抵十卷者，編輯見意，鳩聚衆語，《老》《莊》《荀》《孟》《國語》《素問》《韓非》《楚詞》俱被剽拾，殆似百家衣葆，其實近時文字。"宋濂《諸子辨》也説："又頗抄浮屠、老子、莊周、列禦寇、孟軻、荀卿、《黄帝内經》《春秋外傳》、司馬遷、班固等書而成。"而且，有些記載相互牴牾，難以自圓，如晁公武《郡齋讀書志》説："其書有'子華子爲趙簡子不悦'，又有'秦襄公方啓西戎，子華子觀政於秦'。夫秦襄之卒在春秋前，而趙簡子與孔子同時，相去幾二百年，其牴牾類如此。且多用《字説》，謬誤淺陋。"四、托古諷今。在作僞動機上，朱熹認爲："因《家語》等書，有孔子與程子'傾蓋而語'一事，而不見其所語者爲何説，故好事者妄意此人既爲先聖所予，必是當時賢者，可以假托聲勢，眩惑世人，遂爲造此書以傅會之。"周氏《涉筆》認爲："斯人也，是書也，毋乃黨禁不開，善類塗地，無所叫號之時乎！"五、觀念不類。今人晁福林先生撰《子華子考析》(《史學月刊》2002 年第 1 期)一文,着重從學術思想發展的演變規律來進一步辨析《子華子》之僞。他指出,《子華子》中所架構的世界構成模式、宇宙生成觀念、"神宇"和"空洞"等概念的使用、重"理"思想的提出、"升天"觀念的出現等等,都是秦漢以後才有的認識,非先秦時代所有。這些晚出的觀念,進一步證明了今本《子華子》一書并非久佚的先秦古本《子華子》。至此,今本《子華子》一書爲僞書性質,已定讞無疑。

至於《子華子》作僞者,陳振孫《直齋書録解題》據《子華子》一書"其文不古",斷定"當出近世能言之流,爲此以玩世耳"。根據托名劉向的《子華子·原序》中稱"子華子,程氏,名本,字子華,晋人也",又《子華子》末篇《神氣》歷數程氏一族在晋國歷史上的輝煌業績,甚至不顧歷史事實的真僞,强調程氏家族與趙姓之間的密切關係,説:"吾之宗君,厥有大造於趙宗,如瓜苗之有衍,我是以庇其榮而食其實。及吾之身,雖不釋於簡主,而趙則真吾姓之所宗氏也。"這裏所説的"大造於趙宗",即指程嬰營救趙氏孤兒一事。對此,朱熹根據《左傳》記載,有力地指出此説之虚妄:"以《左傳》考之,趙朔既死,其家内亂,朔之諸弟或放或死,而朔之妻乃晋君之婦,故武從其母,畜於公宫,安得所謂大夫屠岸賈者興兵以滅趙氏,而嬰與杵臼以死衛之云哉?且其曰'有大造'者,又用吕相絶秦語,其不足明甚。"(《朱子全書》)不過,追念過去往往意味着對當下處境的不滿,由此正不經意間透露出《子華子》作者在有宋一代被趙氏皇族所冷落的事實,這也可由《神氣》篇中一段今昔對比的牢騷得到驗證:

> 治古之時，積美於躬，如膚革之就充，惟恐其不修，弗憂於無聞；如擊考鼓鐘，其傳以四達，繹如也。今則不然，荒飆怒號而獨秀者先隕，霜露宵零而朱草立槁。媾市之徒又從而媒孽以髡摇之，是以萌意於方寸，未有毫分也，而觸機阱；展布其四體，未有以爲容也，而得拱梏。懷抱其一概之操，泯泯默默而願有以試也，而漫漫之長夜特未旦也，疾雷破山，澍雨如霪，雞喑於塒，而失其所以爲司晨也。人壽幾何？而期以有待也。今世之士，其無幸歟？

借古諷今，表達對所處時代賢士沉鬱抑志的不滿。故周氏《涉筆》不無感慨地説："嗟夫！斯人也，是書也，毋乃黨禁不開，善類塗地，無所叫號之時乎？"明人胡應麟《四部正譌》則更明確指出《子華子》一書"必元豐間越中舉子姓程名本而不得志場屋者所作"，庶幾近之。

二　《子華子》版本及校勘情況

現存《子華子》一書，始見載於南宋淳熙五年（1178）的《中興館閣書目》。《四庫全書總目提要》稱其"出自宋南渡後，始刊板於會稽"。南宋朱熹曾看到此書，并在《朱子全書》中提出諸多證據證其僞書。由朱熹所説《子華子》"首篇'風輪''水樞'之云"和"卒章'宗君''二詳''蒲璧'等事"，可知朱熹所見到的《子華子》内容與現存《子華子》基本一致。不過，至於朱熹所云書後二篇無名氏之《序》，今本則無。至明代宋濂《諸子辨》中有"後《序》稱子華子爲鬼谷子師"之語，足見他還看到此附帶後《序》的本子。另外，南宋晁公武《郡齋讀書志》記載《子華子》書中有“秦襄公方啓西戎，子華子觀政於秦”一語，但在現存《子華子》書中却無。可見，《子華子》一書在流傳過程中内容也略有變動。此後，陳振孫《直齋書録解題》、周氏《涉筆》、黄震《黄氏日鈔》及元代馬端臨《文獻通考》等均有載録《子華子》一書，表明其流傳之廣。

目前我們所能見到最早的《子華子》版本爲明代刻本，分别有正統道藏本（簡稱“道藏本”）、嘉靖二十三年（1544）《五子書》刻本（簡稱“五子書本”）、萬曆四年（1576）周子義等刻《子彙》本（簡稱“子彙本”）、萬曆六年（1578）謝汝韶輯《二十家子書》本、萬曆三十年（1602）馮夢楨輯綿眇閣本、天啓中郎兆玉評點本等。至清代流傳較廣的本子主要有文淵閣《四庫全書》本（簡稱“四庫本”）、張海鵬《墨海金壺》本（簡稱“墨海本”）和錢熙祚《珠叢别録》本。《子華子》這些流傳版本除正統道藏本分爲十卷外，其餘均分爲上下二卷；在内容上，除個别字句因傳刻訛脱等原因稍有不同外，餘皆基本相同。

在上述《子華子》版本系統中，以萬曆四年（1576）周子義等刻《子彙》本爲最佳。1937 年，近人張元濟、王雲五便以此本爲底本，將《子華子》收入《景印元明善本叢書》之中。《叢書集成初編》雖然在《子華子》卷首扉頁標明其收録的版本來源以“《子彙》最先，故據以排印，間有訛奪，則據《墨海》校正”，但事實上，據筆者將《子華子》“初編本”與明“子彙本”和清“《墨海金壺》本”精心對校後發現，“初編本”的真正底本并非“子彙本”，而是“墨海本”，二者文字完全相同。至於《子華子》“墨海本”，是清代《墨海金壺》叢書編輯者張海鵬據《四庫全書》本所采録，故卷首冠以《子華子提要》。

如果進一步將《子華子》"四庫本"與"五子書本"、"道藏本"校對後還會發現,"四庫本"所依據的底本正是"五子書本",而"五子書本"與"道藏本",雖然刻書時間比"子彙本"要早,但出於種種原因,其刻印質量遠不如"子彙本"爲善。

由於《子華子》是宋代出現的僞書,學者們至今未曾對《子華子》一書進行全面系統的點校。這次的《子華子》整理本,以"子彙本"爲底本,并參校"道藏本""五子书本""四庫本""墨海本""初編本"等版本標點校勘而成。

三　《子華子》的思想內容及價值

如前所述,歷代學者對於《子華子》一書的僞書性質,可謂衆口一詞,無他異議,但若據此而全盤否定《子華子》的思想内容及其價值,則無異於因噎廢食、潑污及孩。這正如《四庫全書總目·子華子提要》所云:"諸子之書,僞本不一,然此最有理致文彩,辨其贋則可,以其贋而廢之則不可。"

今存《子華子》一書共二卷十篇,依次是《陽城胥渠問》《孔子贈》《北宫子仕》《虎會問》《晏子》《晏子問黨》《執中》《大道》《北宫意問》《神氣》。這十篇均采取先秦諸子常用的一問一答的語録形式,自由靈活,主題頻换,所談内容涉及陰陽五行、修身養生、仁義禮智、爲政治國等諸多方面,而且各篇之間内容各自獨立,互不關聯,即使一篇之中,各單元之間也是自言其事并無内在邏輯可言,如《陽城胥渠問》首章言陰陽貴生之理,第二章則辨黄帝鼎成升仙之事,第三章則又駁論郯子"達於禮樂"一事,三章之間很難看出有什麽内在聯繫。因此,自宋代以來的藏書目録,如《郡齋讀書志》《直齋書録解題》《文獻通考》《四庫總目提要》等，都將其視爲"雜家"之文。

不過，《子華子》一書看似内容雜亂無章，結構散亂無序，但萬變之中實隱含着一個一以貫之的學術宗旨，那就是道家所崇尚的大道無爲的自然哲學，以此爲旨歸，貫穿到其立身行事的人生哲學方面，則主張"正性内足"（《虎會問》），韜光養晦；貫穿到其論政理國的社會哲學方面，則主張"因而弗作，守而弗爲，循道理之數"（《晏子》），主張清静無爲，中正平和，實爲一部道家之典籍。對此，我們分别作一詳細論述。

第一，先秦道家所崇尚的大道自然的宇宙生成論是《子華子》一書思想的核心和靈魂，在此基礎上，子華子作了進一步發揮。子華子在首篇《陽城胥渠問》便以老莊貫用的"天問"方式開端："夫太初胚胎，萬有權輿，風轉誰轉？三三六六，誰究誰使？""孰究其所以來？孰使其所以然？"開始了對宇宙自然生成奥妙的探尋。子華子以此爲其哲學的邏輯起點，本着老莊"一生二、二生三、三生萬物"（《老子》四十二章）的宇宙生成理路，并將秦漢以後盛行的陰陽五行、九宫八卦、易學象數等學説結合起來，進一步闡述了自己對於宇宙化生之自然哲學的認識。首篇《陽城胥渠問》一開始便將道家之渾沌太初、《周易》之陰陽八卦、道教之太真三氣、戰國以後盛行的五行、九宫等哲學范疇糅合在一起，雖不免有穿鑿駁雜、捍挌難通之嫌，但如此詳細系統地闡釋宇宙從無到有、自微至著的自然化生過程，這在古代典籍中較爲罕見。類似的表述也時見《子華子》其他篇章，如《孔子贈》："惟道無定形，虚凝爲一氣，散布爲萬物。宇宙也者，所以載道而傳焉者也。"《北宫子仕》："元者，太初之中氣也。天帝得之，運乎無窮；後土得之，溥博無疆；人之有元，百骸統焉。"《大道》："大道之源，其源甚真，無物不稟，無物不受，無物不度，廣盡於無畛，細淪於無間，付畀稟受而不加貧，酬酢應對而不加費。"都表明子華子對化生萬物之源的虔誠信仰和不懈的追尋體驗，在《虎會問》篇，他毫不掩飾自己對"道"的極度推崇："臣之所治者，道也。"

子華子對宇宙化生過程窮理盡相地探索不僅僅停留在"格物"層面上，其更深層次的意旨在於爲全生養性之論奠定堅實的理論基礎。子華子深深懂得"我之百骸九竅、毛髮膏澤、臟腑肝膈、吹噓吸引、滋液吐納，無非道也"，不仅如此，"萬物之變也，百事之化也"（《陽城胥渠問》），亦何嘗不是"大道"之一端的曇花一現？它們都是暫時的，也是有限的，"惟知道者，幾幾乎其能全"（《大道》），只有反其道而行之，回歸到萬物化生之前的太初渾沌狀態，即"道"的狀態，與道合一，"與天通心"（《神氣》），才能化暫時爲永恒，化有限爲無限，也才能真正實現生命的全真狀態。爲此，子華子提出了"全生"的修身之論："古之知道者，務全其生；務全其生者，不亡其所有也；不亡其所有者，道之守也；道之守者，神之舍也。"（《陽城胥渠問》）子華子認爲，真正的養生首先應使各種欲望各得其宜，恰如其分。要實現這一點，就要進行切實不斷的心性修煉以做到内心的"平虛""守中"，即要"築壘以防邪，疏源以毓真，深居静處，不爲物攖"（《大道》），"不以物滑和，不以欲亂情"（《北宫意問》），如此，便會"中無載則道集於虛矣，心無累則道載於平矣"（《北宫意問》），"動息出入，而與神氣俱。魂魄守戒，謹窒其兑，專一不分，真氣乃存。上下灌注，氣乃流通，如水之流，如日月之行而不休。陰營其藏，陽固其府，源流泄泄，滿而不溢，沖而不盈，夫是之謂久生"（《大道》）。

這與道教所踐行的身隱心齋、“性命雙修”是一致的，也對此後的内丹修煉術産生了重要影響。

正是基於對“全生”“久生”的虔誠信仰和切實修煉，子華子對於五行的生成，對於人體自身小宇宙的認識，對於醫學理論都有自己獨到而精闢的認識。如在《北宫意問》章，子華子立足《周易・繫辭上》“太極生兩儀，兩儀生四象”的傳統陰陽化生理論，認爲五行依然是陰陽二氣交互盛衰消長過程中的五種不同階段，即重陽極限階段（“陽中之陽者”）、重陰極限階段（“陰中之陰者”）、陽消陰長階段（“陽中之陰者”）、陰消陽長階段（“陰中之陽者”）、陰陽平衡階段（“在陰而陰，在陽而陽”）。這五個階段分别代表陰陽變化過程中五種不同量變、質變規律，也都代表一個行列系統的相關性質。這種根植於傳統意義上影響深遠的陰陽學説，將五行視爲陰陽二氣交互運動的不同呈現過程或狀態，而非落實爲自然基本物質，顯然要合理平實得多。

子華子承繼了《黄帝内經》等典籍將陰陽五行特性與人體臟腑之間相互聯繫、相互影響的思想，也認爲人體本身類似於一個小宇宙，心、肝、肺、腎、脾五臟分别對應火、木、金、水、土五行，而且精、氣、神也如陰陽一樣貫穿其中而呈現出各自不同的表現形態。更爲重要的是，子華子根據五行生剋制化規律，認爲五臟之間并不是平平静静、互不相關地共處於一個統一體中，而是時時處在互相制約、互相消長的動態之中，“如水之流，如日月之行而不休”（《大道》），只要“血氣和合，榮衛流暢，五藏成就，神氣舍心，魂氣畢具”，就能身心健康，“久生”“全生”，否則，如果這種動態平衡遭到破壞，則會導致陰陽的消長失調，人體就會處於病理狀態。

鑒於此，子華子提出其獨特的“醫藥論”：“醫者，理也；理者，意也；藥者，瀹也；瀹者，養也。”認爲真正的醫術，應是依靠自己對陰陽五行理論的透徹理解和靈敏的感知能力，對遍布和灌注於人體各個經絡之中圓轉運行之精氣心領神會的了解和判斷能力；而真正的藥方，便是對此灌注其中陰陽之氣的調節和疏通，即“微者，養之使章；弱者，養之使强；損者，養之使益；不足者，養之使有餘”（《北宫意問》），以使陰陽回歸平衡，氣血復得暢達，最終達到“無待於意而爲醫”“無待於養而爲藥”的“大和之國”“大和之俗”的終極養生目的。

第二，子華子“執中”“平虚”以全生養性的思想崇尚，也深深影響了其爲人處世的政治哲學。在出入進退的處世態度上，子華子深察當時“天下失道，黑白溷溷”（《虎會》）的社會現實，斷然采取無道則隱、明哲保身的處世策略。子華子終身未仕，始終踐履自己“弗儉弗侈，允釐其中”的人生哲學，與世無争，優游卒歲。

子華子雖然無心於仕途，但卻對當時社會表現出了深切地關懷。這不僅表現在其對黑暗政治的冷峻批判，而且爲這種病態社會尋求一種救世良藥。他繼承老子“治大國若烹小鮮”（《道德經》六十章）的治國理念，深諳“天之與人，其有以相通”（《神氣》）的道理，視整個社會爲一有機鮮活的生命體，應以“養生”的方法來涵養社會，如此“以之正心、修身、治國、家天下，無以易於此術也”（《北宫意問》）。首先，如同一個人的靈魂在於其“精”“氣”“神”一樣，一個社會也首先要保育其“精”、其“誠”，即社會運行法則，“是以欲治之君，將以有爲於是者，必先正其本術，定其精而不摇，保其誠而弗虧，夫然後出言以副情，端意以明指”，否則，“精誠不白，則無以王矣”

(《孔子贈》)。其次,與順應陰陽五行的生化制剋規律一樣,了解了社會運行法則,就應"因而弗作,守而弗爲,去羨去慕,與四時分其叙,與寒暑一其度",從而達到"不言而民以之化,不令而民以之服"(《晏子》)的至化境界。反之,如若"人主自智而愚人,自巧而拙人""窮而不知其窮,又將自以爲多"(《虎會問》),肆意違背規律來治理社會,則勢必如理棼絲,愈理愈亂,正是在這個意義上,子華子才提出"國不足爲也,事不足治也"(《虎會問》)的觀點。

總之,子華子在繼承老莊"道法自然""無爲而治"思想的基礎上,通過一問一答的文體形式,在《子華子》書中系統提出了其道學思想,即在本體論上强調一個"生"字,主張宇宙萬物生於有,有生於無;同時,宇宙萬物又因循陰陽五行不斷生化制剋的規律時時處於變化之中,生生不息,運轉無窮;與此相應,在人生觀上貴在一個"内"字,主張精神内斂,收視返聽,秉虚執中,體會與萬化凝合、天人合一的玄妙狀態,最大限度地開發人體生命和心靈潛能,從而達到全生長生的養生目的;在世界觀上强調一個"因"字,即因任自然,因循客觀規律,將養生的各種方法應用到治國平天下的用世之道上,以達到身國同治、"無爲無不爲"的理想社會形態。對此,《子華子・原序》中也鮮明地指出:"大抵子華子以道德爲指歸,而經紀以仁義,存誠養操,不苟於售。"正是在這個意義上,《子華子》帶有濃厚的道書性質,實爲一部道家典籍,而不應歸屬"雜家"或"儒家"之列。

原　序

護左都水使者光禄大夫，臣向言：所校讎中《子華子》書，凡二十有四篇，以相校，複重十有四篇，定著十篇，皆以殺青，書可繕寫。子華子，程氏，名本，字子華，晋人也。晋自頃公失政，政在六卿，趙簡子始得志，招徠賢俊之士，爲其家臣。子華子生於是時，博學能通《墳》《典》《丘》《索》及故府傳記之書，性闓爽，善持論，不肯苟容於諸侯，聚徒著書，自號程子，名稱籍甚，聞於諸侯。孔子遇諸郯，歎曰："天下之賢士也。"簡子欲仕諸朝而不能致，乃遣使者奉纁幣，聘以爲爵執圭。是時簡子殺竇犢及舜華，孔子爲作《臨河之操》。子華子亦逡巡不肯起。簡子大怒，將脅之以兵，子華子去而之齊。齊景公不能用也，子華子館於晏氏，更題其書曰《子華子》。簡子卒，襄子立，子華子反於晋，時已老矣，遂不復仕以卒。今其書編離簡斷，以是門人弟子共相綴隨，[①]紀其所聞，而無次叙，非子故所著之書也。[②] 大抵子華子以道德爲指歸，而經紀以仁義，存誠養操，不苟於售，唯孔子然後知

① "以"，"墨海本""初編本"作"似"。
② "子"，"墨海本""初編本"作"子華子"。

其賢。齊大夫晏平仲與之爲久要之交。當時諸侯以勢相軋争，結怨速禍，[①]日以權譎爲事。子華子之言如持水納石，不相酬答，卒以不遇，可爲酸鼻。謹目録。臣向昧死上。

① “速”，“五子本”“四庫本”作“連”。

子華子卷上

陽城胥渠問

陽城胥渠因北宮子以見子華子，曰："胥渠願有所謁也。夫太初胚胎，萬有權輿，風轉誰轉？[①] 三三六六，誰究誰使？夫子聞諸故記者審矣，其有以發也，胥渠願承其餘。"子華子曰："噫嘻！本何足以識之？請以嘗試言之，而子亦嘗試而聽之。夫混茫之中，是名太初，實生三氣：上氣曰始，中氣曰元，下氣曰玄。玄資於元，元資於始，始資於初。太真剖割，通三而爲一，離之而爲兩，各有精專，是名陰陽。兩兩而三之，數登於九而究矣。[②] 是以棲三陰之正氣於風輪，其專精之名曰太玄；棲三陽之正氣于水樞，其專精之名曰太一。太一，正陽也；太玄，正陰也。陽之正氣，其色赤；陰之正氣，其色黑。水，陽也而其伏爲陰；風，陰也而其發爲陽。上赤下黑，左青右白，黄潛於中宮，而五運流轉，故有輪樞之象焉。水涵太一之中精，故能潤澤百物，而行乎地中；風涵太玄之中精，故能動化百物，而行乎天上。上赤之象，其宫成離；下黑之象，其

① "風轉"，"初編本"作"風輪"。
② "究"，"墨海本"、"初編本"作"完"。

宫成坎。夫兩端之所以平者,以中存乎其間故也。中名未立,兩端不形,是以坎離獨斡乎中氣,①中天地而立,生生萬物,②新新而不窮。陽之氣爲火,火勝,故冬至之日燥;③陰之氣爲水,水勝,故夏至之日濕。火則上炎,水則下注。鳥飛而上,魚動而下,物類相同,焱本相應。孰究其所以來?誰使其所以然?因其然也,然不然也。然乎然,不然乎不然。吾亦不知其所以然也,夫是之謂萬化原。上決而成天,下決而成地。既已決也,命之曰中。決必有所合也,命之曰和。④中和玄同,萬物化生,夫是之謂'三三六六'。"

陽城胥渠曰:"微夫子之言,吾幾於不靈。"子華子曰:"噫嘻!本何足以識之?請以嘗試言之,而子亦嘗試聽之。"子華子曰:"夫道,一也,我與道而爲三矣。而我之百骸九竅、毛髮膏澤、臟腑肝膈、吹噓吸引、滋液吐納,無非道也。自此以往,大撓甲子所不能紀也。是故道立於一,而萬物之變也,百事之化也,散而爲萬殊,淪淪而無涯。古之知道者,務全其生;務全其生者,不亡其所有也;不亡其所有者,道之守也;道之守者,神之舍也。是故全生者爲上,虧生者次之,死次之,迫斯爲下矣。所謂全生者,六欲皆得其宜也;所謂虧生者,六欲分得其宜也。夫虧生,則於其所尊者薄矣,其虧彌甚,則其尊彌薄。所謂死者,無有所知,而復其未生也。所謂迫生者,六欲莫得其宜也,皆獲其所甚惡者也。辱莫大於不義,不義者,迫生也,故曰迫生不如死。人之常情,耳聞而目見也。耳聞

---

① "斡","墨海本""初編本"作"幹","五子本""四庫本"前脱一"獨"字。
② "生生","五子本""四庫本"作"生育"。
③ "冬至","墨海本""初編本"作"季冬"。
④ "命","墨海本""初編本"作"合"。

所甚惡，不如無聞；目見所甚不欲，不如無見，是以迅雷則掩耳，恐故也。所貴乎嗜粱肉者，非腐鼠之謂也？所貴乎飲醪醴者，非敗酒之謂也？所貴乎尊生者，非迫生之謂也？夫迫生之人，鞠窮而歸，故曰迫斯爲下矣。"

公仲承問于程子曰："人有常言：黄帝之治天下也，百神出而受職於明堂之庭。帝乃采銅於首山，作大爐焉，鑄神鼎於山上。鼎成，群龍下迎，乘彼白雲，至於帝鄉。群小臣不得上升，攀龍之胡，力顫而絶，帝之弓裘墜焉，於是百姓奉之以長號，名之曰'烏號之弓'，而藏其衣冠於橋陵。信有之乎？"程子曰："否。甚矣！世之好譎怪也。聖人與人同類也，類同則形同，形同則氣同，氣同則知識同矣。類異則形異，形異則氣異，氣異則知識異矣。人之所以相君長者，類也；相使者，形也；相管攝者，氣也；相維持者，知識也。人之異於龍，龍之異於鼎，鼎之異於雲，言之辨也，惡足以相感召而實使之耶？其不然也必矣，世之好譎怪也。吾聞之：'太古之聖人，所以範世訓俗者，有直言者，有曲言者。'直言者，直以情貢也；曲言者，假以指喻也。言之致曲，則其傳也久；傳久而譌，則知者正之；譌甚而殺亂，則知者止之。夫黄帝之治天下也，其精微之感蕩，上浮而下沉，故爲百福之宗。爲百福之所宗，則是百神受職於庭也。帝乃采銅者，煉剛質也；登彼首山，就高明也；作爲大爐，鼓神化也；神鼎，熟物之器也。[①] 上水而下火，二氣升降以相濟，中和之實也；群龍者，衆陽氣也；雲者，龍屬也；帝鄉者，靈台之關，而心術之變也。'帝'之謂所類也，形

① "帝乃采銅者"數句，"五子本""四庫本"作"帝乃采銅者，神鼎熟也；登彼首山，就高明也；作爲大爐，鼓陽化也，煉剛質物之器也"。

也，氣也，知識也。雖與人同爾，然而每成而每上也。每成而每上，則其精微之所徹達，神明之所之適，其去人也遠矣。群小臣知識之所不及者也；攀龍之胡，有見於下也；不得上升，無見於上也。有見於下、無見於上者，士也；上下無見者，民也。弓裘衣冠者，帝所以善世制俗之具也，民無見也，懷其所以治我者而已矣。故帝之逝也，號以決其慕，藏以奉其傳，此'假以指喻'之言也，而人且亟傳之以相詆欺。甚矣！世之好譎怪也。千世之後，必有人主好高而慕大，以久生輕舉而爲羨慕者，其左右狡詐希寵之臣，又從而逢之，是將甘心於黄帝之所造者矣。夫人之大常，生而少壯，轉而爲衰老，轉而爲死亡，聖凡之所共也，上知之所弗幸免焉者也。且自故記之所傳，若存而若亡，大庭、中黄、赫胥、尊盧以來，所謂聖人者不一族，吾誠恐大圜之上，嶢榭聯累，雖處什伯不足以處也，而復何所主宰，臣何所使，[①]而其昏昏默默以至於今也？是不然之甚者也。然而世之人知者歆羨，愚者矜跂，甚矣！世之好譎怪也。夫周之九鼎，禹所以圖神奸也，黄帝之鑄一，禹之鑄九，其造爲者同，而所以之適焉者頓異，是可以決疑矣。且世之傳疑也，不惟其傳。昔宋有丁氏，家故無井，而出溉汲焉，常一日而一人居外，懲其如是也。鳩工而穿井於庭家，相與語曰：'今吾之穿井，得一人矣。'有聞而傳之者曰：'丁氏穿井而得一人也。'國人更相道之。語徹于宋君，宋君召其人而質之。丁氏對曰：'自臣穿井，家獲一人之力，非得一人于井也。'是故黄帝之鑄神鼎，是井中人之譬也。知者正之，是宋君召其人而質之之譬也。千世之後，必有人主好高而慕大，

---

① "臣何所使"，"四庫本"作"何所臣使"。

以久生輕舉而爲羡慕者，其左右狡詐希寵之臣，又從而逢之，是將甘心于黄帝之所造者矣。此吾所以反之復之而不能已者矣，小子志之！”

郯子以達于禮聞于諸侯，子華子亟往從之，見郯子焉。子華子曰：“異乎吾所聞。夫禮，先王所以定之也，非所以揺之也；夫禮，所以開之也，非所以暴之也。青黄黻黼，文章之觀盡而五色渝；宫徵還激，生生之聲足而八音汩。陸有羅罝，水有網罟，而飛羽伏鱗無以幸其生矣。《詩》不云乎：‘潛雖伏矣，亦孔之昭。’今郯子非徒揺之也，又從暴之也。郯子而達于禮樂，異乎吾所聞！”肅駕而起，遵塗而歸。

孔子贈

子華子反自郯，遭孔子於途，傾蓋而顧，相語終日，甚相親也。孔子命子路曰：“取束帛以贈先生。”子路屑然而對曰：“由聞之，士不中間見，女嫁無媒，君子不以交，禮也。”有間，又顧謂子路。子路又對如初。孔子曰：“固哉！由也。《詩》不云乎：‘有美一人，清風婉兮。邂逅相遇，適我願兮。’今程子，天下之賢士也，於斯不贈，則終身弗能見也。小子行之！”

子華子曰：“惟道無定形，虚凝爲一氣，散布爲萬物。宇宙也者，所以載道而傳焉考也。萬物一也，夫孰知其所以起？夫孰知其所以終？凝者主結，勇者營散，①一開一斂，萬物相禪。太古之時，澹泊恬愉，鹿聚而麕居，其知徐徐，其樂于于，夫是之謂宇；有無以相反也，高下以相傾也，盛盈衰息以相薄

① “勇”，“五子本”“四庫本”作“布”。

也，龐洪蘆符以相形也，由是以生，由是以死，由是以虧，由是以成，夫是之謂宙。宇者，情相接也；宙者，理相通也。是故惟道無定形，虚凝爲一氣，散布爲萬物。宇宙也者，所以載道而傳焉者也。”

子華子曰：“夫言之所以感爲響，響欲絶而感已移；意之所以將爲思，思未革而事前輟。何則？精神之所弗包焉故也。七十九代之君，法制不一，號令不齊，而俱王於天下，明旌善類而誅鋤醜厲者，法之正也。其所以能行焉，精誠也。精誠不白，則無以王矣。其在後世，以急刻而責恕，以詭僞而課忠，言非其願，意非其真，而保人之弗叛，悲夫！是正坐於夕室也，①是白之懸而黑之募也，是縱櫂於陸而發軔於川也，其亦不可以幸而幾矣。是以欲治之君，將以有爲於是者，必先正其本術，定其精而不摇，保其誠而弗虧，夫然後出言以副情，端意以明指，世雖亂也，俗雖污也，而曰感不效於影響者，吾斯之未能信。”

子華子居於苓塞，趙簡子將用之，使使者將幣於閭，曰：“寡大夫乏使，使下臣敬修不腆，以勤先生之將命者。”子華子反幣再拜，以肅使者，而進之於庭，又拜而授辭曰：“主君之民某，如獲罪戾，其敢逃刑？以其弗嗇之故，而適抱薪纆之憂，疾且有間，則我請造於朝，其敢重辱我主君之命？”使者曰：“寡大夫且有緒言，使下臣敬致諸執事。惟是晋國之寵靈，願與先生共之。先生不違勤而貺以行，請禄從者以爵執圭。”子華子没階而進，再拜而言曰：“主君之民某，未有職業於朝也，且有惡疾，不堪君之命，弗敢以與聞。”再拜而送使者于門，反

① “正”，“五子本”“四庫本”作“旦”。

其室，聚帑將行。其弟子族立而疑。北宫子曰："意聞之，身修於私，名升於公，古今之通誼也。主君，國之宗卿也，政所自出，以禮交而弗答，無乃不可乎？"子華子曰："意，吾以爾爲可以忘言也，而猶有萌焉。夫萌於中，必欂於外，其意之謂矣。且彼召我者，夫豈徒焉哉？必有以處我者矣。爲人之所處者，不得安其所自處矣，是故古之人慎於其所以處也。昔者吾反自郯，聞語於孔子，屬屬焉不忘於心。孔子之所志，其過人者遠矣。日者主君之召也，孔子轍環於河滸，而弗肯以濟，援琴而寫志，命之曰《臨河之操》。其辭曰：'河之水洋洋兮，丘之不濟，此命也夫！'孔子之所以弗至，是乃我所以行也。意，吾以爾爲忘言也，而猶有萌焉。夫以小人之所察，而量君子心。意，爾其殆矣！"北宫子遂强以見趙簡子。簡子聞子華子至，再拜而迎曰："不穀得奉社稷之靈，以撫有四封之内。先君有禮，所以貺賓客而交際之紀，廬人實典治之。吾子辱而在於敝邑有日矣，以歲之不易，而隸人有朝夕之虞，願致戎邑方三四十里，若五六十里，以爲芻秣之共，吾子其曲意以臨之。"子華子曰："臣也不武，年運而往矣，顛毛種種，懼不任君之事，以爲司敗憂也。君有四圉，以捍四方，臣弗堪也。"明日，子華子行，食於茭亭之口。北宫子曰："秦未有失也。絶人之善意，而又刮迹以去之，①夫子所以責人者太察矣。"子華子曰："然，非爾所及也。夫秦君之志大而求遠，其所以望於我者厚，則吾無以堪其求矣。且爾亦聞牧野之事乎？周之六師，壓郊而陳，武王襪係解焉。有五臣者將受誓事於前，王顧而使之係。五臣者相目而對曰：'臣之所以事君王，非爲

① "刮"，"四庫本"作"剖"。

係襪者也。'王不得已,乃釋旄鉞而親係之。夫人君能致其臣,[①]能有所不爲,然後可以責之以有爲;人臣能有所不爲,然後能無不爲也。本也,未能無不爲者也,能有所不爲矣。"

子華子違趙,趙簡子不悦。燭過典廣門之左,簡子召而語之以其故。燭過對曰:"彼庶人也,而傲侮公上,法所弗置也,且無以爲國矣。"簡子曰:"而士以兵之。"燭過至苓塞,子華子之行者五日矣。[②] 燭過反命曰[③]:"無及也。"簡子悔之,使使者于齊,而使董安于寓書以招之。子華子稽首而來,再拜以肅使者于庭,而授之辭曰:"主君之亡臣某,不能束脩,越在諸侯,以爲主君憂。臣聞之:物扃于所甘,士扃於所守。主君之亡臣不佞,而有四方之志,其敢以爲執事者之所辱?夫丘陵崇而穴成於上,狐狸藏矣;溪谷深而淵成於下,魚鱉安矣;松柏茂而陰成於林,[④]塗之人則蔭矣。主君之亡臣不佞,實有隱衷,唯執事者昭明其所存,如日月之升,以光燭於晋國,將四海之士重繭狎至,以承主君之令聞,夫豈惟亡臣?亡臣雖復野死以置溝畎,其敢忘主君之賜?惟執事者裁幸焉。"簡子得書,召無恤而戒之曰:"燭過,小人也,實使我獲罪於本。吾且死,汝必反之,慎不忘也!"襄子曰:"諾。"

北宫子仕

北宫子將仕於衛,子華子曰:"意,來,子之所以自事其心

---

① "君","道藏本""墨海本""初編本"皆作"臣"。
② "五日","五子本""四庫本"作"三日"。
③ "反","道藏本"作"及"。
④ "林","五子本""四庫本"作"材"。

者，亦嘗有以語我乎？”北宫子曰：“意未得以卒業也，以是樵蘇之弗繼，糊其頤頰於人。雖然，謹志其所欲爲於善而違其惡也，庶幾於完。”子華子愀然變乎容，有間，曰：“意，是何言歟！善奚足願而惡奚足違？吾語若，聖人不出，天下潰潰，日趨於迷，欲以有己而卒於喪己，欲以達之於人而卒於失人。凡以善故，王者作興，將以濯滌今世之惛怓，去善其殆可乎哉？善弗去，亂未艾也，而又奚以善爲？”北宫子曰：“嘻，有是哉？願畢其説。”子華子曰：“人中虚圓不徑寸，神明舍焉。事物交滑，如理亂棼，如涉驚浸，一則以之怵惕，一則以之忌諱，一則以之懲創。是則一日之間，一時之頃，而徑寸之地，如炎如冰矣。夫所謂神明者，其若之何而堪之？神弗留則蠹，明弗居則秏，而又奚以善爲？古之知道者，泊兮如大羹之未調，譝譝兮如將孩，隨推而遷，因蕩而還，其精白津津，若遺而復存；其神明休休，常與道謀。去羨去慕，孰知其故。今子之言曰‘謹志於爲善’，則不善者將誰與耶？違子之所惡，則惡將誰歸耶？予而勿受，歸而勿納，則必有忿悁之心，起而與我立敵矣。以我矜願之意，而接彼忿悁之心，何爲而不鬥？鬥且不止，小則囂凌詬誶，大則碎首穴胸。夫以若之言而幸於完，其幾於殆矣。”北宫子曰：“嘻，[①]若是其甚也[②]？”子華子曰：“有甚哉？[③] 吾語若，禍之所自起，亂之所由生，皆存乎欲善而違惡。今天下，老師先生端弁帶而説，乃以是召亂也；學者相與熏沐其中扃，而亦唯此之事，是事禍也；父以是故不慈，子以是故不孝，兄以是故不友，弟以是故不共，夫以是故不

---

① “嘻”，“墨海本”“初編本”作“噫嘻”。

② “墨海本”“初編本”在“若是”前增一“顧”字。

③ “甚”，“墨海本”“初編本”作“是”。

帥，婦以是故不從，君以是故不仁，臣以是故不忠。大倫蠹敗，人紀消亡，結轍以趨之而猶恐其弗及也。悲夫！石碏欲完其名而殺厚；公子輒欲專其國而拒蒯聵；寤生克段；忽出而突入；季友鴆慶父；叔向誅鮒；雍糾之妻尸糾於朝；莊（原注：或作‘叔’）仲子欲托其帑於魯而先斃其室；先君厲公一言而殺三郤；華督父并忽（原注：或作‘忍’）於與夷……毛舉其目，尚不勝爲數也，是皆名爲求得所欲，而能違所不欲者矣。然且大倫斁敗，人紀消亡，結轍以趨之，而猶恐其弗及也。悲夫！吾語若，亂之所由生，禍之所自起，皆存於欲善而違惡。夫人之中虚也，不得其所欲則疑，得其所不欲則惑，疑惑載於中虚，則荆棘生矣。父不疑于其子，子必孝；兄不疑于其弟，弟必共；夫不疑於其婦，婦必貞；君不疑於其臣，臣必忠，是還至而效者也。百事成而一事疑，道必廢；三人行而一人惑，議必格。大道之世，上下洞達而無疑志。堯、舜三代之王也，無意於王而天下治，所循者，直道故也，是以天下和平。天下之所以平者，政平也；政之所以平者，人平也；人之所以平者，心平也。夫平，猶權衡然，加銖兩則移矣，載其所不欲，其爲銖兩者倍矣。故曰矜功者不立，虚願者不至。非惟不足以得福，而行又以召禍，故吾不悦於子之言。今子亦平其所養而直以行之，何往而不得？何營而不就？而又奚以善爲？且善不可以有爲也。堯曰：‘若之何而善於予之事？’舜亦曰：‘若之何而善於予之事？’是上與下争爲善也。上與下争爲善，是兩實也。兩實則烏得平？平不施焉則惡得直？失其所以平直，則堯無以爲堯矣，舜無以爲舜矣。吾子謹志於堯舜也，而又奚以善爲？”

北宫子之衛，主于叔車氏。叔車氏有寵於衛君，國人害其嬖而將討之。北宫子喟然歎曰："吾爲是，違夫子之言也，是以獲戾於此也，吾何以衛爲？"致其所以爲臣而歸。

晏子治阿三年，毁聞於朝。公不悦，召而將免焉。晏子辭曰："臣知過矣，請復之。"三年而舉國善之，謡言四達，公將致其所以賞，晏子辭焉。公曰："何謂也？"晏子對曰："昔者臣之所治，君之所當取也，而更得罪焉；今者臣之所治，君之所當誅也，而更得賞焉。非臣之情，臣不願也。"子華子聞之曰："晏子可謂直而不阿者矣。晏子之辭受，其可以訓矣。齊之蕪也固宜。夫人之常情，譽同於己者，助同於己者，愛同於己者。愛之反則憎，必有所立矣；助之反則擠，必有所在矣；譽之反則毁，必有所歸矣。然而人主不之察也，左右執事之臣從而得其所欲爲，則不禁也。世之治亂，蓋常存乎兩間。齊之蕪也固宜。"

子華子曰："元者，太初之中氣也。天帝得之，運乎無窮；后土得之，溥博無疆；人之有元，百骸統焉。古之制字者，知其所以然，是故能固其元，爲完具之'完'；殘其所固，爲賊寇之'寇'；加法度焉，爲冠冕之'冠'。① 故曰殘固之謂'寇'，毁則則爲'賊'。夫穿垣竇、發鍋鑰，其盗之細也夫！"

虎會問

虎會以其私問于程子曰："主君何如主也？"程子曰："昔堯舜在上，塗説而巷議所不廢也。是是非非之謂士，試爲吾

① "爲冠冕之'冠'"句，"五子本""四庫本"無。

子推言之：本也不敢以古事爲考，先大夫文子之志也，好學而能受規諫，立若不勝衣，言若不出口，身舉士於白屋之下者四十有六人，皆能獲其赤心，公家賴焉。及其歿也，四十有六人者皆就賓位，是其無私德也。夫好學，知也；受規諫，仁也；無私德焉，忠也。江之源，出於汶山，其大如甕口，其流可以濫觴，順沿而下，[①]控諸群荆，廣袤數千里，方舟然後可以濟，此無他故也，所受於下流者非一壑也。夫先大夫文子，其訓於是矣，是以有孝德以出公族，有恭德以升在位，有武德以羞爲正卿，用能光融于晋國，顯輔其君，以主盟於諸侯，天下賴其仁，兵稍之不試者垂十許年。今主君懋昭其勛庸而光賁于趙宗，無以則先大夫文子是焉，取則尚德率義，以弘大其光烈，其將有譽于四方也。乃若范氏、中行氏弗自克也，而以覆其宗卿，此則主君之所知也。”虎會曰：“辨矣，夫子之言！願少進也。會得間而謁諸主君，庶幾其有瘳？”程子曰：“《詩》不云乎？‘王欲玉女，是用大諫’。夫糾其邪志而濟其所乏，是忠臣之所留察也。吾子其勉行之矣！本聞之：山有猛虎，林樾弗除；江河納污，衆流是瀦。昔者秦穆公以秦之士爲不足也，起蹇叔於宛，迎邳豹於鄭，取由余於戎，拔百里奚於市，用强其師，以伉惠懷。[②]于斯時也，晋國翦焉，惟秦是從。是故國以士爲筋幹，不可以不察也。今主君之未得志也，有竇叔子者，推其後而進之；有舜華者，挽其不及而使之當於理；有吾丘鴆者，展布四體，以爲紀綱之僕。本聞之：竇叔子之爲人也，强毅而有立，方嚴而不銼，其事主也，齊戒祓濯而無有回

① “沿”，“墨海本”“初编本”作“流”。
② “惠”，原作“慧”，据“墨海本”“四庫本”改。

心;舜華多學而强記,聆其所聞不惠於古初,其立論挺挺而不可以奪;吾丘鴆年十有五而始以勇力聞,及其壯佼也,四鄰畏之,能以人投人,以車投車,其視太行之險,猶之步仞之丘。此三臣者,舉晋國之選也,主君之所與懋昭其庸而光賁於趙宗者也。公室六分,河山之間,龜析而鼎立,范氏、中行氏不庇其社而頽其宗,主君之所不刊,則緊此三臣之助。今無故而戮叔子矣,又斃舜華於野,以罪名不聞於國人;吾丘鴆恐焉,裹糧而之於他國。主君其未之思耶,何其首尾之剌戾也!如是,則主君之所以遠於大競者也。吾子,主君之信臣也。夫人誰無過?過而能改心焉,聖人之所畏也。今吾子能弗憚煩,而以其眇眇之思,務以箴主君之闕遺,將國人是賴,吾子其勉行之矣!"

子華子見齊景公。公問所以爲國,奈何而治。子華子對曰:"臣愚以爲國不足爲也,事不足治也。有意於爲則狹矣,有意於治則陋矣。夫有國者有大物也,所以持之者大矣,狹且陋者,果不足以有爲也。臣愚以爲國不足爲也,事不足治也。"公曰:"然則國不可以爲矣乎?"子華子曰:"非然也。臣之所治者,道也。道之爲治,厚而不薄,①敬守其一,正性内足,群衆不周,而務成一能。盡能既成,四境以平。唯彼天符,不周而同,此神農氏之所以長也,堯舜氏之所以章也,夏后氏之所以勤也。夫人主自智而愚人,自巧而拙人,若此則愚拙者請矣,巧智者詔矣。詔多則請者加多矣,請者加多則是無不請也。主雖巧智,未無不知也。以未無不知,應無不請,其道固窮。爲人主而數窮於其下,將何以君人乎?窮而

① "薄","道藏本""墨海本""初編本"作"博"。

不知其窮，又將自以爲多，夫是之謂重塞之國。上有諱言之君，下有苟且之俗，其禍起於欲爲也，其禍起於願治也。夫有欲爲、願治之心而獲重塞之禍，是以臣愚以爲國不足爲也，事不足治也。昔者有道之世，因而不爲，責而不詔，去想去意，静虚以待，不伐之言，不奪之事，循名核實，官庀其司，以不知爲道，以奈何爲寶。神農曰：'若何而和萬物、調三光？'堯曰：'若何而爲日月之所燭？'舜曰：'若何而服四荒之外？'禹曰：'若何而治青北、九陽、奇怪之所際？'是故此王者，天下以爲功，後世以爲能，以故記之所道而君之所知也。[①] 臣戇而不知，方始而至於朝也，竊有疑焉。齊之所以爲齊者，抑以異矣：鐘鼓柷圉，日以抎考，[②]而和聲不聞；司空之刀鋸，斷斷如也，而罪罟滋長；諸侯之賓客，膏其脣吻，而争進諛言；左右在廷之人，主爲蔽蒙；僮夫豎隸，曉然皆知公上之有慆心也，造爲歌謡以蠱君心，君曾不知之也？冕旒清晨，位宁以聽，怒焉以古人自耦，君之心則泰矣。夫其誰而顧肯以其一介之鄙，試嘗君之嗜好，而以干其不測之禍？臣戇而不知方，始而至於朝也，竊有疑焉。夷考所由來，以君之心勝故也。心勝則道不集矣，群臣之不肖者，又隨而揚之，故其弊日以深，其固如性，而君曾不之知也。夫以君之明，疏瀹其所底滯，而開之以鄉道，夫孰能禦之？抑臣聞之：萬物之變也，萬事之化也，不可爲也，不可究也。因其言而推之，則無不得其要者矣。故臣愚以爲國不足爲也，事不足治也。"公曰："洋洋乎！而之所以言。吾欲以有説而無所措吾辭，而之道博大而無倪，吾

---

① "以《故記》之所道"，"墨海本""初編本"作"《故記》之以道"。

② "抎"，"墨海本""初編本"作"耺"；"五子本""四庫本"作"柭"。

所不能爲也。嘗曰'有以拂吾之陋心。'"子華子退而食於晏氏。

子華子往見季沈，季沈曰："自吾從於夫子也，轍迹不遺於四國，未有終歲以處也。夫子亦勤且病矣。哀也鄙人，不通於夫子之量。天下失道，黑白溷溷，而吾夫子駕其説將安之？哀將有以請，而弗敢也，願質之於吾子。"子華子曰："然。仲尼，天也，其可違物而莫處乎？其可絶物而自營乎？日月不宇宙，四指必迷所鄉矣。仲尼，人之準繩也，仲尼之轍迹則病矣，而亦皇暇之恤？"季沈曰："敢問吾子之不試，何也？"子華子曰："本也何足以望夫子？夫子，軫方而轂圓者也，將無乎而不可。我則有所可也。夫以我之所可，而從夫子之無乎不可，逝將從其後也。"

晏子

子華子謂晏子曰："天地之間有所謂隱戮者，而莫之或知。知之者其幾於道乎！"晏子曰："何謂也？"子華子曰："天地之生才也實難，其有以生也，必有所用也。如之何其將擁之蔽之，而使之不得以植立也？天地之所大忌也，日月之所燭燎也，陰陽之所杌移也，鬼神之所伺察也。是以帝王之典，進賢者受上賞，不薦士者罰及其身。善善而惡惡，其實皆衍於後。嘗試觀之，夫物之有材者，其精華之藴，神明之所固護而秘惜，不可以知力窺也。蒙金以沙，固玉以璞，珠之所生漩桓之淵而隈澳之下也；豫章楩枏之可以大斫者，必在夫大山穹谷、孱顔嶇峿之區，抉剔之，掎摭之，剥削之，苟不中於程度，則有虎狼、蛟鼉、虺蜴之變，雷霆崩墜覆壓之虞。何以？

故天地之生材也實難，其有以生也，必有所用也。如之何其將壅之蔽之，而使之不得以植立？是之謂違天而黷明。違天而黷明，神則殛之，雖大必折，雖炎必撲，荒落而類，圮敗而族，夫是之謂隱戮。隱戮也者，陰騭之反也，如以匙勘鑰也，如以璽印塗也，必以其類，其應如響。”晏子曰：“駭乎哉！吾子之言也。嬰也願遂其所以聞。”子華子曰：“大夫無甚怪於余之所以言也。余之所以言，其有以云也。今夫人之常情，爲惡其毁也，成惡其虧也；於其所愛焉者，則必有恪固之心。恪固之心萌於中虚，卒然而攻其所甚愛，則必曹起而争。争而不得，則必氣沮而志奪。氣沮而志奪，則拂然而怒填乎膺。拂然而怒填乎膺，則將無與爲敵者矣。天地之所以生材也，甚愛之，甚惜之，則其所以有恪固之心，曾何以異夫人之常情？世之人莫之或知也，徒恃其胸腹之私，與其狡譎變詐之數，翕翕而訿訿，巧抵而深排，規以幸人不己勝也。夫人之勝人也何有？天地之鑒也，神明之照也，甚可畏也，甚可怖也，如使之氣沮而志奪，拂然而怒，以充塞乎兩間，偏懼尪蹶，①聚而爲陰陽之罰，其中於人也，必慘矣。是必至之勢，而無足經怪者。悲夫！世之人莫之或知，知之者其幾於道矣。本，晋國之鄙人也，嘗得故記之所以道者矣：昔先大夫欒武子之在位也，夙夜靖共，矯枉而惠直，不忘其職守，而以從其君，厥有顯聞，布在諸侯之册書。逮其嗣主則不然，弗類於厥心，放命以自賢，怙寵專權，翦棄人士，圖以封殖於厥躬，國人疾視之，如目有眯焉，日移其志以速厥罰，欒氏以亡；昔先大夫隨武子之在位也，明睿以博識，晋國之雋老也。然且慆焉而不

① “懼”，原作“俱”，據“墨海本”“初編本”改。

自居，惟曰‘余有所不見’，惟曰‘余有所不知’，惟曰‘余有所不聞’，瞑有所志，已而升諸公，是以晋國之士無遺其材者，用能光融昭著以有立于朝，父子兄弟以世及也，而爲晋宗卿。逮其嗣主則不然，嚚嚚自庸而巧持其非心，毁本塞原，甚於虺蜮，日惟諛佞之小夫是𦋐，是用絜然知者遠之，洒然善者伏藏以在下，日移其志以速厥罪，范氏以亡；昔先大夫中行文子之在位也，拔識俊良，振其滯淹，人之有技能如出於厥躬，恪謹弗解，惟力是視，是以能相其君，以尋盟諸侯。逮其嗣主，以苛爲察，以欺爲明，以刻爲忠，以計多爲善，以聚斂爲良，崩角摘齒，恐人之軋己也。門如鬧市，惟利是視，憸人乘間而會逢其惡，極其回邪，如鬼如蜮，日移其志以速厥罰，中行氏以亡。凡此三主者，晋國之世臣也，所謂崇藴穹窿而不遷之宗也。而又其先大夫皆有玄德以媚於上下神祇，其在嗣主荒墜厥訓，用以覆宗滅緒，餒其先靈而不得以血食于晋國，無他故也，恃其盛强昌庶而蔑棄於理，憑人而勝天，藏忮於中而以之違天地之所恪固，是以其酷如是也。而況于單族後門之士，竊人之爵禄，而邀覬於一時之幸，虚愒而恫疑，且懼人之出於其上也，疑似之迹未明，同異之志未講，而壅之蔽之，使之不得以植立也，則其得禍也，必有深於晋之三主者矣。夫築垣墉者，務其高而不務其實，高不隱仞而基傾之矣；以兩手而掩人之聰明，自以爲得也，而不知其聾瞽之疾已移於己也。悲夫！夫豈不爲之大哀矣乎？”晏子曰：“駭乎哉！言也。微吾子，嬰無所聞之。嬰也請刻諸佩觿，以志其不忘也。”

晏子問于子華子曰：“齊之公室懼卑，奈何？”子華子曰：“夫人之有欲也，天必隨之。齊將卑是求，夫何懼而不獲？昔者軒轅二十五宗，故黄祚衍於天下，於今未忘也。宗周之王也，[①]姬姓之封者凡七十，夫指之不能率其臂，猶臂之不能運其體也。今齊自襄、桓以來斬斬焉，朝無公姓，野無公田，帶甲横兵，挾轂而能戰，非公士也；結綬纚纚，位列而籍居，非公臣也。公族之子若其孫，散而之於四方，惟童隸是伍。公所以與俱者，自有肺腸者也。於《詩》有之：'豈無他人，不如我同姓'，何以是踽踽而以臨於人上也？齊將卑是求，夫何懼而不獲？今之人分財賄而設鉤策焉，非以夫鉤策者爲能均也，使善惡多寡無所歸其怨也。是以聖人窮造物以爲識量，然且龜卜筮著以爲决，所以立言於公也；聲出而應律，身出而協度，然且權量尺石以爲器，所以立正於公也；義適而理訓，舉天下無敢以容其議，然且書契章程以爲式，所以立信於公也；德澤汪濊，威制宏遠，盡四海之大，無不面納，然且法度禮籍以爲準，所以立義於公也。今齊則不然，所以爲國舉出於私矣，非止乎此而已也，[②]而又公斂其怨，私受其福矣；公竊其名，[③]私享其實矣。齊之忘於公室也，非一日也，故齊將卑是求，夫何懼而不獲？"

子華子曰："昔先王之制法也，有本衍焉，有末度焉，因而弗作，守而弗爲，去羨去慕，與四時分其叙，與寒暑一其度，不言而民以之化，不令而民以之服，是以能因則大矣，能守則固矣。夫有心於作，法之細也；作而刻其真，[④]法之原

① "王"，"墨海本""初編本"作"主"。
② "乎"，"五子本""四庫本"作"卑"。
③ "竊"，"道藏本"作"賓"。
④ "刻"，"墨海本""初編本"作"因"。

也。法也者，制世之粗迹也，而且不可以容心焉，而況於營道術乎？於傳有之：循道理之數，而以輔萬物之自然，六合不足均也。七十九代之君，其爲法不同而俱王於天下，用此道也。

子華子卷下

晏子問黨

晏子見於子華子曰："日者嬰得見於公，公惡夫群臣之有黨也，曰：'子將何方以弭之？'嬰無以應也。吾子幸教以所不逮，虛心以承。"子華子曰："嘻！君之及此言也，齊其殆矣乎！游士之所以不立於君之朝，以黨敗之也。人主甚惡其黨，則左右執事之臣有以藉口矣。夫左右執事之臣，其托寵也深，其植根幹也固，背誕死黨之交，布散離立，聯累羅絡而爲之疏。苟非其人也，則小有異焉者，不得以參處乎其中間也。士以廉潔而自好者，夫孰肯舍其昭昭以從人之昏昏？洒焉若將以有浼焉，必不容矣。是以左右執事之臣因其修而隳之曰'黨人'也，人君曾不是察，隨其所甚惡而甘心焉，於是有流放戮辱之事。夫士之自好者，[①]削斫數椽足以自庇，而一簞之食足以糊口，其孰肯以不貲之軀而投人主之所必怒者耶？嘻！君之及此言也，齊其殆矣乎！小人之始至於齊也，小異者不容而已矣，今則疑似者削迹矣；小人之始至於齊也，媕婀脂韋者未必御也，今則服冕而乘軒矣；小人之至於齊，爲日未

---

① "士"，"墨海本""初編本"作"事"。

數數也，而其變更如此，齊其未艾也。人君曾不是察，而左右執事之臣又原君之所甚惡，因以隳游士之脩，舉齊之朝將化而爲私人也。日往而月易，築壇級於公宫，而君不得知也。嘻！君之及此言也，齊其殆矣乎！"

子華子謂晏子曰："夫治有象，大夫亦嘗聞之矣乎？"晏子曰："嬰願聞之於吾子矣。"子華子曰："治古之時，其君之志也端以有修，其臣同德比義而無有異心，朝無幸位，事無失業，其四野之外耒耜從其宜，溝畎以其便，其民願而從，法疏而弗失，上下翦翦，惟其君之聽，蝥氣伏息，災疫不作，四鄰寢兵，而珪玉纁幣以承其懽，比非治象而云何？今齊之正言不聞，聰明不開，朝茀而不除，野荒而荐饑，其去治象也遠矣，無等級以寄言者矣。本聞之，下無言謂之喑，上無聞謂之聾，聾喑之朝，上有放志而下多忌諱，齊之謂也。且合升、勺、龠、合以登之，斛廩則成矣；太山之高，非一石之積也；琅玡之東，渤澥稽天，非一水之鍾也，所以治國家天下者，非一士之言也。今齊之執事者，其悖矣乎！墨以爲明，狐而爲蒼，以一爲二，以二爲三，公不能禁也；植黨與而獲其所同，①忌前而排孤，婞婀脂韋者日至於君之前，固寵而恃便，公不能禁也。猶之買馬者然，不論其足力，而以色物毛澤而爲儀，則廄無走馬矣；猶之售玉者然，不論其廉貞温粹而無瑕者，而以大小徑廣爲儀，則篋無連城矣。惟士亦然。論士不以其才，而以勢地爲儀，則伊尹、仲父不立於朝矣。且齊之爲國也，表海而負嵎，輪廣隈澳，其塗之所出，四通而八達，游士之所湊也。今齊君之所習而狎者，非鮑、國之私人，則崔、田之黨也，游士無所植

① "獲"，"道藏本""墨海本""初編本"作"護"。

其足矣。游士無所植其足，則憑軾結轍而違之。夫游士之所以去，則治象之所以不存也。本聞之，窮鄉下里，其爲叢祠也，不過於卮酒而臠肉；蕪國之社，不難於請福。今齊之憔悴也甚矣，所欲以爲治者，不半於古之人而功則略具矣。夫子之於齊君也，朝夕進見，而猶固惜自愛也，獨不出其謦欬而規以振起之？夫子之仁心，抑已偏矣！”晏子曰：“善。微吾子，嬰無所聞之。嬰之於君，犬彘之臣也。吾子之言之也，嬰有罪矣。”

晏子問於子華子曰：“聖人尚儉，於傳有之乎？”子華子曰：“有之。夫儉，聖人之寶也，所以御世之具也，三皇五帝之所留察也。”晏子曰：“嬰聞之，堯不以土階爲陋，而有虞氏怵戒于塗髹，其尚儉之謂歟？”子華子曰：“何哉大夫之所謂儉者？夫儉在内不在外也，儉在我不在物也。心居中虚以治五官，精氣動薄，神化回潏，嗇其所以出而謹節其所受，然後神宇泰定而精不摇，其格物也明，其遇事也剛，此之謂儉，而聖人之所寶也，所以御世之具也，三皇五帝之所留察也，何哉大夫之所謂儉也？夫視入以爲出，庾氏之職業也；操羸而制餘，商賈子之所爲也；中人之家，計口然後食，閭里之志也。乃若天子者，大官也；有天下者，大器也，臨萬品，御萬民，窮天之産，罄地之毛，無有不共，無有不備，此則古今常尊之勢也，奈何而以閭里之所志、商賈子之所爲、庾氏之職業仰而議夫堯舜之量哉？此腐儒之所守，而污俗之所以相欺者也。‘土階’‘塗髹’之説，野人之所稱道，而於傳所不傳者也。本聞之，堯居於衢室之宫，垂衣而襞幅，邃如神明之居，輯五瑞以見群后，帶幅舄而入覲者，如衆星之拱北，堯則若固有之也；舜游於巖廊之上，被袗衣而鼓五弦之琴，晝日月于太常，備十有二章，黼黻玄黄，爛如也。出則有鸞和，動則有珮環，步趨中於《莖韶》之節，[①]舜亦若固有之也。夫堯舜之備物也如此，而惡有所謂土階三尺、茅茨不翦者？惡有所謂塗髹以自怵戒者？此腐儒之所守，而污俗之所以相欺者也，故記所不道也。桀、紂之亡天下也，以不仁而不以奢也。戒奢者有禮存焉，禮之所存，可約則殺，可豐則腆，豈有覽四海之賦，受九畡之經，入而土階以居，欲有塗髹而不敢也？其不然也必矣。且先王之制也，改玉則改行，旂旒冕璪以示登降之品，今污世人不通於禮也，處尊而逼賤，居大而侵小，夫以王公之尊而圉隸以自奉，難爲其下矣。不惟以陋於厥躬也，而又旁無以施其族黨，上不豐其宗祧，曰'吾以是爲儉也'，不亦夷貊之人矣乎？"晏子曰："善，微吾子，嬰無所聞之也。終不敢以論'約'。"

執中

子華子曰："聖人貴中，君子守中，中之爲道也，幾矣。寓户六指，中存乎其間；兩端之建，而中不廢也，是故中則不既矣。小人恣睢，好盡物之情而極其執，其受禍也必酷矣。何以言之？朱明長贏，不能盡其所以爲温也，必隨之以揪斂之氣而爲秋；玄武沍陰，不能盡其所以寒也，必隨之以敷榮之氣而爲春。孰爲此者？天也。天且不可以盡，而況於人乎？是故誠能由於中矣。一左一右，雖過於中也而在中之庭；一前一却，雖不及於中也而在中之堂。[②] 及小人好盡，則遠於中

① "莖韶"："墨海本""初編本"作"蕭韶"。
② "堂"，原作"皇"，據"墨海本""初編本"改。

矣，遠於中則必窘于邊幅而裂矣，必觸於巖牆而僵矣，必墜於坑塹而亡矣，如以石而投之於淵也，不極則不止矣。悲夫！天道惡盡，而昧者不之知也。古之君子，齊戒以滌其心，奉之而不敢失者，其中之謂歟？天地覆壓，中不磨也；陰陽并交，中不淪也；五色玄黄亂於前，中不失也。悲夫！世之小人，快其志於俄頃之久，而促失其所以爲中也，危國喪身而不早悟也，惟其惻然而以中怛之，[1]怛之而不早悟也，是之謂下愚而不可動化者也。"

子華子曰："天之精氣，其大數常出三而入一。其在人，呼則出也，吸則入也，是故一之謂專，二之謂耦，三之謂化。專者才也，耦者幹也，化者神也。凡精氣以三成。三者，成數矣。宓犧、軒轅，所柄以計者也；赫胥、大庭，惝怳而有所遺者也。故曰出於一，立于兩，成於三。《連山》以之而呈形，[2]《歸藏》以之而御氣，《大易》以之而立數也。"

子華子曰："道之所載，四出拓坦（原注：或作宕），有足者斯踐之矣。夫何故？平故也；恢潏濛澒而無不容，一與二，二與三，吾不知其攸然，而同謂之平。夫何故？虚故也。惟虚爲能集道，惟平爲能載道。[3] 道無所於閡，無所於忤，虚之至也；左不偏於左，右不偏於右，無作好也，無作惡也，如懸衡者然，平之至也。心胸之兩間，其容幾何？然則歷陸嶔嶇，太行雁門橫塞之；靈臺之關，勺水之不通，而奚以有容？嗜欲炎之，好憎冰之，炎與冰交戰焉，則必兩相傷者矣。是故革四擴

① "惻然"，原作"測然"，據"道藏本""墨海本""初編本"改。"惟其惻然以中怛之，怛之而不早悟也"句，"五子本""四庫本"無。

② "呈"，"墨海本""四庫本"作"成"。

③ "惟平爲能載道"句，"墨海本""初編本"作"惟平而載道"。

則裂，胃中滿則充，[①]薄氣發暗，惴怖作狂，積憂損心，心氣乃焦。故曰一虚一平，而道自生；一平一虚，而道自居。”

子華子曰：“王者樂其所以王，亡者亦樂其所以亡。故烹獸不足以盡獸，嗜其脯則幾矣。王者有嗜於理義也，亡者亦有嗜乎暴慢也。所嗜不同，故其禍福亦不同也。”

子華子曰：“生者，死之對；有者，無之反；痹者，隆之因；虧者，成之漸。大道無形、無數、無名、無體，以無體，故無有生死；以無名，故無有有無；以無數，故無有隆痹；以無形，故無有成虧。既已域於四象者矣，完不能無毁也。是以韋革雖柔，擴之則裂；礦石雖堅，攻之則碎。剛柔、重輕、大小、長短雖不同也，同於一盡。故古之制字，字爲之破，而文亦如之。”

子華子曰：“周天之日，爲數三百有六十；閲月之時，爲數三百有六十。天地之大數，不過乎此。五方之物，其爲數亦如之：鱗蟲三百有六十，震宫蒼龍爲之長；羽蟲三百有六十，離宫朱鳥爲之長；毛蟲三百有六十，兑宫麒麟爲之長；介蟲三百有六十，坎宫伏龜爲之長；裸蟲三百有六十，盈宇宙之間，人爲之長。一人之身，爲骨凡三百有六十；精液之所朝夕也，氣息之所吐吸也，心意知慮之所識也，手足之所運動而指股之所信屈也，皆與天地之大數通體而爲一，故曰天地之間人爲貴。”

子華子曰：“撞鈞石之鐘，六樂合奏於庭，所以寫樂也，而隱憂者臨之而逾悲，不主乎樂故也；鬱摇而行歌，促弦而急彈，所以寫憂也，而安恬者得之而逾歡，不主於憂故也。然則憂樂在外也，所以主之者内也。内之所感，赭蒼互色，東西貿

① “胃”，“五子本”“四庫本”作“謂”。

區,而昧者則不之知也。故曰觀流水者,與水俱流,其目運而心逝者歟!"

子華子曰:"渾淪鴻濛,道之所以爲宗也;遍覆包涵,天之所以爲大也;昭明顯融,帝之所以爲功也。道無依阿,天無從違,帝無決擇,然則心烏乎而宅?道心,天也;天心,帝也;帝心,人也。人之心,莫隱乎慈,莫便乎恕。赤子匍匐,使我心惻,隱於慈故也;凌波而先濟,跛而望乎後之人,便於恕故也。此心之弗失焉,可以事帝矣,可以格天矣,可以入道矣。此心之弗存焉,道之所去也,天之所違也,帝之所誅也。古之制字者,'茲心'爲'慈','如心'爲'恕',非其心也,則失類而悲,是以挾道理以御人群者,庸詎而忽諸?"

子華子曰:"凡物之有所由者,事之所以相因也,理之所以相然也。軸之軸,車由是以相運也;紬之紬,思(原注:或作絲)由是以相屬也;姓伷之伷,族由是以有分也;橘柚之柚,味由是以有别也;宇宙之宙,理由是以有傳也;禾之油油,穀由是以登也;雲之油油,雨由是以降也;憂心有妯,心由是以動也;左旋右抽,軍由是以正也。故凡物之有所由者,事之所以相因也,理之所以相然者也。"

大道

子華子曰:"大道有源,其源甚真,名曰空洞。空洞無有,是生三元。三元之功,①同立於玄,縱而守之,是謂三極;衡而施之,是謂三紀;上下貫焉,是謂三才。一之所成,萬紀以

① "功","墨海本""初編本"作"初"。

生；一之所綱，萬有以藏。是故空者，無不備之謂也；洞者，無不容之謂也。大道之源，其源甚真，無物不稟，無物不受，無物不度，廣盡於無畛，細淪於無間，付畀稟受而不加貧，疇酢應對而不加費，故曰通於一，萬事畢，此之謂也。"

子華子曰："仰而視之，玄在焉；俯而察之，玄在焉；旁行而四達，玄在焉；迎而望之，玄參乎其前也；攝足窘行，去而違之，玄瞠乎其後也。是故玄無所不在也。人能守玄，玄則守之。不能守玄，玄則舍之。"

子華子曰："火宿於心，炎上而排下，其神躁而無準，人之暴急以取禍者，心使之也；木宿於肝，觸突干抵而銳，其神狷束而無當，人之樸戇以取禍者，肝使之也；金宿於肺，硜訇而不屈，罄而不能仰也，其神闊疏而無法，人之訐決以取禍者，肺使之也；水宿於腎，瑟縮以湊險，其神伏而不發，人之嫴婟脂韋以取禍者，腎使之也；土宿於脾，磅礴而不盡，其滲漉也下注而不止，其神好大而無功，人之重遲瀝訥以取禍者，①脾使之也。火氣之喜明也，木氣之喜達也，金氣之喜辨也，水氣之喜藏也，土氣之喜發生也，是故事心者宜以孝，事肝者宜以仁，事肺者宜以義，事腎者宜以知，事脾者宜以誠實而不詐。五物宿於其所喜，五事各施其所宜，外邪之不入，内究之不泄，夫是之謂善完。"

子華子曰："甚矣！世之人注其目於視也，目奚足信？今有美麗佼好之人，人之所同悦也，然而蒙之以倛首，則見之者棄之而走，更之以輕紈阿裼焉，則向之走者留行矣。甚矣！世之人注其目於視也，目奚足信？"

---

① "瀝訥"，原作"瀝納"，據"五子本""道藏本""四庫本"改。

周舍見子華子曰："舍聞之：身修而名不立，無爲於擇術矣；庶羞百品，雜進於盤几而咽不下，無爲於貴饌矣；抱璧而徒乞，無爲於貴寶矣。敢問夫子之所以志。"子華子曰："然。釜概之於量也，不能以容於所不受；尋墨之於度也，不能以及其所不至。鈞天廣奏，飛鳥過而不止；崇楹繢拱，猱狖逃焉。且員動而方息，所性不同也；火炎而水流，習使之然也。今以大夫之所處，而議本之所以志，必不諧矣。無以則有一焉，而願因以有獻也。夫六虚有精純粹美之氣而不敢傳焉，托於物以寫其響，流形於萬有而不敢以有爲。試嘗論其微矣：佼麗之苦窳也，而醜則堅牢；華璧之易以碎也，而金鐵則難陶。甚矣！物之不可以全也如是，是不可以一方取也，是不可以一伎爲也，惟知道者，幾幾乎其能全。今大夫少修而端慤，壯長伉以有立，方將揭其昭明焉，而以爲人之的，其犯難也果，其量物也褊，而又且徑往而直前，矯拂人之所不欲，而規以自立，甚無所用之虛名，此非本之所得知也。夫目之明能見於百步之外，而顧不見其背也，帷墻之後則無睹也。無以則有一焉，而願因以有獻也。"

子華子曰："萬物玄同，孰是而孰非？孰知其初？孰知其終？吾無得其所以然也，命之曰一。一者，衆有之宗也，道得之謂之太一，天得之謂之天一，帝得之謂之帝一。帝一也者，立乎環中，扣其響而不得也，味其臭而不得也，渾渾兮如有容，泊兮如未始出其宗，茫茫兮如無所終窮；天一也者，爲而不宰，成而不有，機之所由以出焉，機之所由以入焉；太一也者，有而無家，能化一以爲二，化二以爲三，因三以成萬物，故曰一之變大矣。在三而三，在九而九，有萬不同，而管於一術。通乎一術，無一之不知；昧乎一術，無一之能知。是故音聲、顔色、臭味之數，不過於五。五者立於一，一立而萬物生矣。”

子華子曰：“寒、濕、温、燥、晦、明之變則大矣，形怛乎化則涸，而其形無盡；喜、怒、哀、樂、思、懼之化則備矣，神經乎變則涸，而其形有餘。正氣之在人也，上下灌注，如環之無端，莫知其紀極也，不可以爲量也，是能使其神之所澤，鬱鬱勃勃而不可屈；是能使其形之所宅，完固静專而不可撓，是故能通於養氣之術者，不可以不務白也。且氣不勝，邪攻之矣，攻之而不已，則氣必挫，挫之而不已，則向於消亡矣。正氣漸盡，邪術壯長，心傷於口，而色澤外變，神去其幹而死矣。是以古之知道者，築壘以防邪，疏源以毓真，深居静處，不爲物攖，動息出入，而與神氣俱。魂魄守戒，謹窒其兑，專一不分，真氣乃存。上下灌注，氣乃流通，如水之流，如日月之行而不休。陰營其藏，陽固其府，源流浀浀，滿而不溢，沖而不盈，夫是之謂久生。”

子華子曰：“人之性，其猶水然。水之源，本甚潔而無有衺穢，其所以湛之者久，則不能以無易也。易而不能反其本初，則還復疑於自性者矣。是故方員曲折，湛於所遇，而形易矣；青黄赤白，湛於所受，而色易矣；砰訇淙射，湛於所閡，而響易矣；洄洑漩滘，湛於其所以容，而態易矣；鹹淡芳臭，湛於其所以染，而味易矣。凡此五易者，非水性也，而水之所以爲性者，則然矣。是故古之君子，慎其所以湛之。”

子華子曰：“天地之大數，莫過乎五，莫中乎五。五居中宫以制萬品，謂之實也，沖氣之守也，中之所以起也，中之所以止也，龜筮之所以靈也，神響之所以豐融也，通乎此，則條達而無礙者矣。是以二與四抱九而上躋也，六與八蹈一而下沈也，戴九而履一，據三而持七，五居中宫，數之所由生。一從一横，數之所由成。故曰天地之大數，莫大乎五，莫中乎五。通乎此，則條達而無礙者矣。"

北宫意問

北宫意問曰："上古之世，天不愛其寶，是以日月淑清而揚光，五星循晷而不失其次，鳳凰至，蓍龜兆，甘露下，竹實滿，流黄出，朱草生。敢問何所修爲而至於是也?"子華子曰："異乎吾所聞。夫禎祥瑞應之物，有之足以備其數，無之不缺於治也，聖王不識也，君子不道也，治世所無有也。上古之世，居有以虚，宰多以少，所以同於人者，用舍也；所以異於人者，神明也。神明之運，其由也甚微，其效也甚徑，與變相蕩遷，與化相推移，陰陽不能更，四序不能虧，洞於纖微之域，通於恍惚之庭，挹之而不沖，注之而不滿。彼其視鳳凰、麒麟也，豢牢之養爾；彼其視澧液、甘露也，甽澮之寫爾；彼其視芝房、竹實凡草木之異者，畦圃之毓爾；彼其視玉石、瓌怪凡種種之族者，篋襲之藏爾。故曰聖王不識也，君子不道也，治世所無有也。昔者有虞氏彈五弦之琴以歌《南風》之詩，而光被四表，格於上下；周公之佐成王也，希膳不徹於前，[①]鐘鼓不解於懸，而歌《雍》詠《勺》，六服承德，凡禎祥瑞應之物，有之足以備其數，無之不缺於治。聖王已没，天下大亂，父子失性，[②]君臣失紀，未有甚於今日也。然且日月星辰衡陳於上，

---

① "希"，"墨海本""初編本"作"肴"。

② "失"，"道藏本"作"質"。

與治世同焉而已矣。故曰天道遠，人道邇，待蓍龜而襲吉，福之末也，顛蹶望拜而謁焉，其待則薄矣。故聖王不識也，君子不道也，治世所無有也。吾恐後世之人主，方且睢睢盱盱，唯此之事，而爲人臣者，巧詐誕譎以容悦於其君，舍其所當治而責成於天，借或氣然而數繆也。忽有鍾其變者，色澤狀貌，非耳目之所屬也，於是奉以爲祥，君臣動色，士庶革聽，以至作爲聲歌而薦之於郊廟，錯采繢畫而以夸諸其臣民，奄然以爲後世莫我之如也。彼其却數於上世，其所謂豢牢之養也，甽澮之寫也，畦圃之毓也，篋櫜之藏也，章章焉如日星之在上也，乃始矜跂而以爲希有之事，夷世而不可以幸冀者也。甚矣！其亦弗該於帝王之量者矣。"

子華子居於苓塞，北宫意、公仲承侍，縱言而及於醫。子華子曰："醫者理也，理者意也，藥者瀹也，瀹者養也。腑藏之伏也，血氣之留也，空竅之塞也，①關鬲之礙也，意其所未然也，意其所將然也。察於四然者而謹訓於理，夫是之謂醫。以其所有餘也，而養其所乏也，以其所益多也，而養其所損也。反其所養，則益者彌損矣；反其所養，則有餘者彌乏矣。察於二反者而加疏瀹焉，夫是之謂藥。故曰醫者理也，理者意也，藥者瀹也，瀹者養也。"

北宫意曰："正惟是世俗之醫所不能爲也。雖然，意聞之也：有所資於意，不如無意之爲愈也；有所待於養，不如無養之爲愈也。敢問人有精神也，其升降上下，與晝夜相通也，與天地相灌注也，其爲種凡有幾?"子華子曰："意，善哉而之問也！觸類以演之，進乎此，則與知道者謀矣。吾次其所以學

① "空竅"，"墨海本""初编本"作"空竅"。

也而擇取之矣。夫天降一氣，則五氣隨之，寄備於陰陽，合氣而成體，故有太陽，有少陽，有太陰，有少陰，陰中有陽，陽中有陰，故陽中之陽者，火是也；陰中之陰者，水是也；陽中之陰者，木是也；陰中之陽者，金是也；土居二氣之中間以治四維，在陰而陰，在陽而陽，故物非土不成，人非土不生。北方陰極而生寒，寒生水；南方陽極而生熱，熱生火；東方陽動以散而生風，風生木；西方陰止以收而生燥，燥生金；中央陰陽交而生濕，濕生土。是故天地之間，六合之内，不離於五。人亦如之：血氣和合，榮衛流暢，五藏成就，神氣舍心，魂氣畢具，然後成人。是故五藏六腑各有神主，精稟于金火，氣諧于水木，精氣之合，是生十物：精、神、魂、魄、心、意、志、思、智、慮是也。生之所自謂之精，兩精相薄謂之神，隨神往返謂之魂，並精出入謂之魄，所以格物謂之心，心有所憶謂之意，意之所存謂之志，志之所造謂之思，思而有所顧慕謂之慮，慮而有所決擇謂之智。夫於智，十累之上也。至於智則知所以持矣，知所以持則知所以養矣。榮衛之行，無失厥常；六腑化穀，津液布湯，[①]故能久長而不弊。流水之不腐，以其逝故也；户樞之不蠹，以其運故也。是以精上則滯，神惛則伏，魂拘則沉，魄散則耗，心煩則惑，[②]志鬱則陷，意營則罔，思澀則殆，慮殫則蒙，智礙則愚。故所謂持者，持此者也；所謂養者，養此者也。意，善哉而之問也！觸類以演之，進乎此，則與知道者謀矣。”

公仲子曰：“夫子之言也，而之問也，承也得所未之嘗聞，如發蔀焉。願夫子益其説，而稽征其所以解也。”子華子曰：

① “湯”，“道藏本”作“陽”，“墨海本”“初編本”作“蕩”。
② “煩”，“道藏本”作“忮”。

"然。言固不可以一而足也。夫心也，五六之主也，精神之舍也，心之精爲火，其氣爲離，其色赤，其狀如覆蓮，其神爲朱鳥，其竅上通於舌；肝之精爲木，其氣爲震，其色青，其狀如懸瓠，其神爲蒼龍，其竅上通於目；肺之精爲金，其氣爲兑，其色白，其狀如懸磬，其神爲伏虎，其竅上通於鼻；腎之精爲水，其氣爲坎，其色黑，其狀如介石，其神爲玄龜，其竅上通於耳；脾之精爲土，其氣爲戊己，其色黄，其狀如覆缶，其神爲鳳凰，其竅上通於口。是故脾、腎、心、肝、肺，五官之司；口、舌、鼻、耳、目，五官之候；脾之藏意，腎之藏精，心之藏神，肝之藏魂，肺之藏魄，金、木、水、火、土，五精之總也，寒、熱、風、燥、濕，五氣之聚也。水以潤之，火以熯之，土以溽之，木以敷之，金以斂之，此以其性言也；水之冽也，火之炎也，土之蒸也，木之温也，金之清也，此以其氣言也；水在下，火在上，土在中，木在左，金在右，此以其位言也；水之平也，火之鋭也，土之圜也，木之曲直也，金之方也，此以其形言也；水則因，火則革，土則化，木則變，金則從革，此以其材言也；水，井洫也；火，爨冶也；木、金，器械也；土，爰稼穡也，此以其事言也。夫盈於天地之間而充物者，惟此五物也。凡五物之有，不可無也，其所無，不可有也。微者，養之使章；弱者，養之使强；損者，養之使益；不足者，養之使有餘。無物不養也，無物不備也，夫是之謂和；喜、怒、哀、恐、思，不能汩也，視、聽、言、貌、思，不能奪也，夫是之謂大和之國，無待於意而爲醫；大和之俗，無待於養而爲藥。① 不以物滑和，不以欲亂情，中無載則道集於虚矣，心無累則道載于平矣。安平恬愉，吐故納新，静與陰

① "待"，"道藏本"作"得"。

同閉,動與陽俱開。若是者,由人而之天,合於太初之三氣矣。以之正心、修身、治國、家天下,無以易於此術也。吾之説盡於此矣。"[①]二子拱而退,書以識之。

神氣

子華子曰:"古之至人,探幾而鉤深,[②]與天通心;清明在躬,與帝同功。是以進爲而在上,則至精之感,流通而無礙,以上行而際浮,以下行而極憂,以旁行而塞於四表,不言而從化,不召而效證,以其所以感之者内也。伏羲、神農之世,其民童蒙,瞑瞑蹎蹎,不知所以然而然,是以永年。黄帝、堯、舜之世,其民樸以有立,職職植植,而弗鄙弗夭,是以難老。末世之俗則不然,煩稱文辭而實不效,知譎相誕而情不應,蓋先霜霰以戒裘爐者矣。機栝存乎中而群有詐心者,族攻之於外,是以父哭其子,兄喪其弟,長短頡牾,百疾俱作。時方疾癘,道有襁負,盲禿狂傴,萬怪以生。所以然者,氣之所感故也。夫神氣之所以動,可謂微矣。日月薄食,虹蜺晝見,五緯相凌,四時相乘,水竭山崩,宵光晝冥,石言犬痾,夏霜冬雷。繆盭之族,諸禍之物,不約而總至。所以然者,氣之所感故也。夫神氣之所以動可謂微矣,故曰天之與人,其有以相通,此之謂也。"

留務玆從子華子游者十有二年,目相屬而言不接也,業成而辭歸,將隱居於五源之溪。子華子曰:"天下之物有甚滑

① "吾","五子本""四庫本"作"五"。
② "鉤深",原作"釣深",據"道藏本""墨海本""初編本"改。

稽而難持者,女知之矣乎? 疾之則脱,緩之則潊焉以逝,非捉圜之謂也。而所謂善持者,能爲之於疾徐之間。今女之所治,吾無間然者矣。然子之志,則廣取而泛與者也,吾恐女之後夫擇者也:其將有剽女之外郛而自築其宫庭者矣,登女之車而乘之以馳騁於四郊者矣,取女之所以爲璧者毁裂而五分之者矣。夫道,固惡於不傳也,不傳則妨道;又惡於不得其所以傳也,不得其所以傳則病道。今女則往矣,而思所以慎厥與也,則於吾無間然者矣。"

子車氏之猳,其色粹而黑,一産而三豚焉,其二則粹而黑,其一則駁而白。惡其弗類於己也,噛而殺之,決裂其腎腸,糜盡而後止。其同於己者,字之惟謹而恐其傷也。子華子曰:"甚矣! 心術之善移也。夫目眩于異同,而意怵於愛憎,雖其所自生,殺之而弗悔,而况非其類矣乎? 今世之人,其平居把握附耳,呫呫相爲然,約而自保,其固曾膠漆之不如也。及勢利之一接,未有毫澤之差,蹴然而變乎色,又從而隨之以兵。甚矣,心術之善移也,無以異乎子車氏之猳!"

宋有澄子者,亡其緇衣,順塗以求之。見婦人衣緇衣焉,援之而弗舍,曰:"而以是償我矣。"婦人曰:"公雖亡緇衣,然此吾所自爲者也。"澄子曰:"而弗如速以償我矣。我昔所亡者紡緇也,今子之所衣者禪緇也,以禪緇而當我之紡緇也,而豈有所不得哉?"子華子曰:"夫利之惛心也,幸於得而已矣,忘其所以爲質者矣。幸於得而忘其所以爲質,夫何所憚而不爲之哉? 今世之人,求其不爲澄子者,或寡矣!"

子華子曰:"今世之士,其無幸歟? 川閲水以成川,世閲人而爲世。河之下龍門也,疾如箭之脱筈。人壽幾何? 而期以有待也。治古之時,積美於躬,如膚革之就充,惟恐其不修，弗憂於無聞；如擊考鼓鐘，其傳以四達，繹如也。今則不然，荒飆怒號而獨秀者先隕，霜露宵零而朱草立槁。媾市之徒又從而媒孽以髡摇之，是以萌意於方寸，未有毫分也，而觸機阱；展布其四體，未有以爲容也，而得拱梏。懷抱其一概之操，泯泯默默而願有以試也，而漫漫之長夜特未旦也，疾雷破山，澍雨如霔，雞喑於塒，而失其所以爲司晨也。人壽幾何？而期以有待也。今世之士，其無幸歟？”

子留子築居於五源之溪，使其徒公子賓胥見子華子於齊，曰：“先生之役子留子使賓胥也敬以有請。夫五源之溪，天下之至窮處也。鼯吟而鼬啼，且曉昏而日映也，蒼蒼踟躕，四顧而無有人聲。雖然，其土脈膏以發其植物也，兑兑以澤，其清流四注，無乏於濯溉。其蘋草之芼，足以供祭也。流光馳景，却顧於斷蹊絶壑之下，雲雨之所出入也。其石皴栗，爛如赭霞，藹草之芬，從風以揚，壟耕溪飲，爲力也佚，而坐嘯行歌，可以卒歲。今先生之年運而往矣，而其所以藴藏者無期，惟是河汾之間不吾容也，而寄食于海瀕。歲又弗稔，其何以供億？今之諸侯，其地相埒也，其德相若也，先生之車軫，其將誰氏知之？是以子留子使賓胥也敬以有請，無寧先生而肯照臨於山溪之中，將使斯人也耳聞而目明，先生豈無意于此？”子華子曰：“爾歸而語而夫子矣，而以所以屬於我者，渠渠不忘於我之心，鼎鼎如也。吾聞之，太上違世，其次違地，其次違人，而之所志，其違地矣乎！曩者吾有緒言於會矣，曰：‘我必死，爾以吾骨反而涉河，以從吾先人於苓塞之下。’我之意也，已有所在矣，不得而從於爾之求矣。夫志之所存，雖逖而親，雖缺而成，疆裂壤斷，不吾間也。而今而後，吾知神爽坐馳於五源之間，而亦將朝夕而惟余是從，吾何必往也？

嘻！來！賓胥，我之不得往，猶而夫子之不得來也。《詩》不云乎？‘莫往莫來，使我心疚’。吾之與而夫子也，其弗覯矣夫？”

子華子自齊而歸，召子元而訓之曰：“來，爾會！而小子其謹志之！昔吾之宗君爲周日正，周公作成周，定鼎於郟鄏，修和周郊。於是吾之宗君薦其所以爲祥者，其族有三：曰井里之璞也，曰太山之器車也，曰唐叔異畝之禾也。唐叔得禾，異畝同穎，吾之宗君請以爲獻。王命分寶玉于魯公。時庸展親，歸禾於周公，作《歸禾》。周公旅天子之命作《嘉禾》。是以吾之宗君始有蒲璧以朝，作《程典》，令其顯庸，書在故府。逮宣王之時，吾之宗君入董六師，爲王虎臣，是曰司馬。司馬之後凡九世，而其子孫或播居於汾河之間，十有一世而國并于溫。先大夫宣主之棄世也，背違其群，而吾之宗君厥有大造於趙宗，如瓜苔之有衍，我是以庇其榮而食其實。及吾之身，雖不釋於簡三，而趙則真吾姓之所宗氏也。今主君之爲人，强毅而法，能忍詬而無慝，挺挺而不回，且受人之規言，其將光啓於趙氏之業，而大其前人。吾且老矣，而不得以相其成。來，爾會！而小子其謹志之！其勿有二心，以事主君。惟是窀穸之事，吾之所以后其先人者，弗儉弗侈，允釐其中。其勿以世俗之垢昏，而以浼我之所修。乃若爾會之所以自勖者，則惟無宗君之忝，其於我亦預有無窮之聞。來，爾會！而小子其謹志之！”

原書附録

按:《子華子》書首載劉向校定《序》,而《藝文志》乃無此目。隋唐及宋《志》悉無。吴兢、李淑二家書目亦不載,必後世文士依托也。朱子曰:"其理多取佛、老、醫、卜,其字多用《左傳》、班史,其粉飾塗澤、俯仰態度,類近時巧于模擬變撰者所爲,決非先秦古書也。原其所自,只因《家語》有孔子與程子'傾蓋而語'一事,意必當時賢者,遂造爲此書,以傅合之。或云王銍性之、姚寬令威二人皆居越,多作贋書,然又恐非所及。"據此,則書之假托,審矣。然其文辭論議,時有可觀,固詞林之所必録也。丁丑夏日志。

《子華子》彙評

1. 朱熹《朱子大全》:"會稽官書版本有《子華子》者,云是程本字子華者所作,即孔子所與'傾蓋而語'者,好奇之士多喜稱之。以予觀之,其詞故爲艱澀而理實淺近,其體務爲高古而氣實輕浮,其理多取佛、老、醫、卜之言,其語多用《左傳》、'班史'中字,其粉飾塗澤、俯仰態度,但如近年後生巧於模擬變撰者所爲,不惟决非先秦古書,亦非百十年前文字也。原其所以,因《家語》等書,有孔子與程子'傾蓋而語'一事,而不見其所語者爲何説?故好事者妄意此人既爲先聖所予,必是當時賢者,可以假托聲勢,眩惑世人,遂爲造此書以傅會之。正如麻衣道者本無言語,只因小説有陳希夷問錢若水'骨法'一事,遂爲南康軍戴師愈者僞造《正易心法》之書以托之也。《麻衣易》,予亦嘗辨之矣。然戴生樸陋,予嘗識之,其書鄙俚不足惑人。此《子華子》者,計必一能文之士所作,其言精麗過《麻衣易》遠甚。如論《河圖》之'二與四抱九而上躋,六與八蹈一而下沉,五居其中,據三持七',巧亦甚矣。惟其巧甚,所以知其非古書也。又以《洛書》爲《河圖》,亦仍劉牧之謬,尤足以見其爲近世之作。或云王銍性之、姚寬令威多作僞書,二人皆居越中,恐出其手。然又恐非其所能及。如《子華子》者,今亦未暇詳論其言之得失,但觀其書數篇,與前後三序，皆一手文字。其前一篇，托爲劉向，而殊不類向他書。後二篇乃無名氏，歲月而皆托爲之號，類若世之匿名書者。至其首篇‘風輪’‘水樞’之云，正是并緣釋氏之説。其卒章‘宗君’‘二祥’‘蒲壁’等事，皆剽剥他書，傅會爲説。其自序出處，又與《孔叢子》載子順事略相似。又言‘有大造於趙宗’者，即指程嬰而言。以《左傳》考之，趙朔既死，其家内亂，朔之諸弟或放或死，而朔之妻乃晋君之女，故武從其母，畜於公宫，安得所謂大夫屠岸賈者興兵以滅趙氏，而嬰與杵臼以死衛之云哉？且其曰‘有大造’者，又用《吕相絶秦》語，其不足信明甚。而近歲以來，老成該洽之士亦或信之，固已可怪，至引其説以自證其姓氏之所從出，則又誣其祖矣。大抵學不知本而眩於多愛，又每務欲出於衆人之所不知者以爲博，是以其弊至於此，可不戒哉？”

朱熹《朱子語類》卷一三七：“又嘗見一書，名曰《子華子》，説天地陰陽，亦説義理人事，皆支離妄作。”

2. 陳騤《中興館閣書目》：“儒家《子華子》十卷。首載劉向校録《序》曰：‘向所校讎中，外書《子華子》凡二十四篇，以相校除復重十三篇，定著十篇。’又曰：‘子華子，程氏，名本，字子華，晋人也。善持論，不肯苟容於諸侯，聚徒著書，自號程子。’案《漢志》及隋唐二《志》《崇文總目》《國史藝文志》，悉無此書；吴兢、李淑二家書目亦不載，必近世依托也。”

3. 晁公武《郡齋讀書志》：“其傳曰：‘子華子，程氏，名本，晋人也。’劉向校定其書。按《莊子》稱‘子華子見韓昭侯’，陸德明以爲魏人，既不合。又《藝文志》不録《子華子》書。觀其文辭，近世依托爲之者也。其書有‘子華子爲趙簡子不悦’，又有‘秦襄公方啓西戎，子華子觀政於秦’。夫秦襄之卒在春秋前，而趙簡子與孔子同時，相去幾二百年，其牴牾類如此。且多用《字説》，謬誤淺陋，殆元豐以後舉子所爲耳。”

4. 陳振孫《直齋書録解題》：“考前世史志及諸家書目，并無此書，蓋假托也。《館閣書目》辯之當矣。《家語》有‘孔子遇程子傾蓋’事，而《莊子》亦載‘子華子見昭僖侯’一則，此其姓字之所從出。昭僖與孔子不同時，然《莊子》固寓言，而《家語》亦未可考信。班固《古今人表》亦無之。使果有其人遇合于夫子，班固豈應見遺也？其文不古，然亦有可觀者，當出近世能言之流，爲此以玩世耳。”

5. 黄震《黄氏日鈔》：“子華子，晋人程本，子華，其字，自稱孔子與之傾蓋者也。劉向序其書，謂趙簡子欲仕之，逃而之齊，館於晏子，簡子死而反於晋以卒。蓋本其書多晏子答問之辭，未知然否。書凡一卷，雖本老子虛無之説而能自攻其徒欺誕之語，且尊孔氏而其文亦蔚乎可觀，賢於諸子遠矣。要亦不可以治世，而向乃悲其不遇。余謂縱不生齊晋間，亦豈有遇世之正學哉？”

6. 吴師道《題子華子後》：“予幼時見鄉校壁間石刻朱子《與杜叔高書》，稱‘《子華子》，非常可笑者’，識之而未見其書。後購得而讀之，又考朱子疏辨其可笑之實，竊悼夫爲是者之枉錯其心也。朱子以書出越中，恐王銍、姚寬所爲。晁公武以爲元豐後舉子所作，蓋因其中多《字説》淺謬也。愚謂其僞之顯然易辨者，‘孔子遇程子傾蓋’見《家語》，‘子華子見韓昭僖侯’見《莊子》，戰國去孔子世遠，二人而合爲一，苟以《莊子》爲寓言，則陸德玥云魏人者，必非妄也。永嘉葉適最尊信之，至怪孔門弟子無記者。孟、荀、漢唐之士皆以爲異説,望而棄之。適於古人可信者,往往摘抉譏訶,而於所不可信者,獨堅亮而深取之,不識其何取也。二《後序》,一稱默希子。默希者,唐南嶽道士徐靈符號,嘗注《文子》,即其端所謂訓解《玄通經》者。蓋其人以是書至唐始出,故依托爲之。又云'讀《吕氏春秋》,見子華子'云云。今第二章'丁氏穿井得一人'之説,即《吕覽》所載,剽掠可以驗也。一稱釣磯叟者,辨今書'没昭僖侯'一則,其意又使人致疑於《莊》,而證其爲寓言。又以實其'編離簡斷,非全書'之語,尤爲狡獪善眩,而孰知夫人之終不可眩哉!輒因朱子之言而摭其遺。"

7. 馬端臨《文獻通考》引周氏《涉筆》曰:"《子華子》所著劉向《序》者,文字淺陋不類向,其云'善持論,聚徒著書,更題其書',皆非當時事辭。大抵十卷者,編緝見意,鳩聚衆語,《老》《莊》《荀》《孟》《國語》《素問》《韓非》《楚詞》,俱被剽拾,殆似百家衣葆,其實近時文字。又多解字義,蓋古文屢降,至漢世,今文猶未專行。吾嘗疑其"三經"後,此書方出,故信《字説》而主《老》《莊》。又論:'治古之時,積美於躬,弗憂於無聞,如擊考鼓鐘,其傳以四達,驛如也。今則不然,荒飆怒號而獨秀者先隕,霜露霄零而朱草交槁。媾市之徒,又從而媒孽以髡搖之。萌意於方寸,未有毫分也,而觸機阱;展布其四體,未有以爲容也,而得拱梏。抱其一概之操,泯泯默默而願有以試也,而漫漫之長夜特未旦也。疾雷破山,澍雨如注,雞鳴於塒,而失其所以爲司晨也。人壽幾何,而期有以待也?'吾反覆其言而悲之,嗟夫!斯人也,是書也,毋乃當禁不開,善類塗地,無所叫號之時乎?"

8. 宋廉《諸子辨》:"《子華子》十卷,程本撰。本,字子華,晋人,曰魏人者非也。《藝文志》不録。予嘗考其書,有云

'秦襄公方啓西戎,子華子觀政于秦'。又稽《莊周》所載子華子事,則云'見韓昭僖侯'。夫秦襄公之卒在春秋前,而昭僖之事在春秋後,前後相去二百餘年,子華子何其壽也?其不可知者一。《孔子家語》言孔子遭齊程子於郯,程子,蓋齊人,今《子華子》自謂'程之宗君受封于周,後十一世國并于温'。程,本商季文王之所宅,在西周,當爲畿内小國。温者,周司寇蘇忿生之所封。周襄王舉河内温、原以賜晋文公,温固晋邑也。孰謂西周之程而顧并于河内之温乎?地之遠邇,亦在可疑,其不可知者二。《後序》稱子華子爲鬼穀子師。鬼谷,戰國縱横家也。今書絶不似之,乃反類道家言。又頗剿浮屠、老子、莊周、列禦寇、孟軻、荀卿、《黄帝内經》、《春秋外傳》、司馬遷、班固等書而成,其不可知者三。劉向校定諸書,咸有序,皆淵慤明整,而此文獨不類,其不可知者四。以此觀之,其爲僞書無疑。或傳王銍性之、姚寬令威多作贋書,而此恐出其手,理或然也。然其文辭極舂容,而議論焕發,略無窘澀之態,故尤善惑人。人溺文者,孰覺其僞哉?"

9. 焦竑《焦氏筆乘》:"《子華子》,程本書也,其語道德,則頗襲《老》《列》之旨,語專對,則皆仿《左氏》之文,是何彼此之偶合?作聲歌,似指漢武'朱雁''芝房'之事,喻子車,復竊韓愈、宗元墓銘之意,是何先後之相侔?"

10. 胡應麟《少室山房筆叢・四部正譌》:"《子華子》稱程本,而前代絶無其目,蓋宋人假托玩世,故與阮逸、宋咸輩牽合源流者小異。其書理致膚近,而持論不甚詭於道,文字亦舂容雅則,至宋世,一時盛傳。紫陽諸公辯之悉矣。今亦亡弗諦其僞者,以文故,卒不忍廢之。於戲!秦漢名流之作,湮没何限?是書獨巍然存。又本托子華,乃子華反托以傳,而撰者姓名，邈無從考。書之傳與人之遇，固各有幸不幸哉！《子華子》全剽百氏成文，至章法起伏喚應，宛然宋世場屋文字，且多用王氏《字説》，故晁公武謂元豐舉子所作；周氏《涉筆》又舉'人壽幾何'等語爲紹述時人。皆近之，然姓名州里，絶不可考；朱考亭以書始出會稽，疑越人王銍、姚寬，又疑非二子所辦；余嘗參酌諸家，意此書必元豐間越中舉子姓程名本而不得志場屋者所作。蓋板出會稽，則越；文類程試，則舉子；義取《字説》，則元豐；辭多拂鬱，且依托前人，則困於場屋；思以自見，又慮不能遠傳，故傳於春秋姓同而字相近者。竊謂不中不遠矣。作者有靈，固當獨快九京之下。考亭諸君子聞此，亦將相對一大噱也。（子華，姓、字皆有所出，惟名不經見，即撰人名本也。）"

11. 盧文弨《抱經堂文集・書子華子後》："舊相傳以爲晋人程本所爲，書爲《程子》，後更題爲《子華子》，凡十篇。謂其人即孔子'傾蓋與語終日'者也。劉子政校其書而悲其不遇，宋人黄東發乃謂'是豈有遇世之正學哉'。余謂黄氏于其書蓋未嘗觀其深也，故其所取者特辨'黄帝無鼎成上升'之事耳。此則應仲遠、王仲壬輩皆能知之而辨之，何足以重《子華子》？余獨取'有道之世，因而不爲，責而不詔'二語，非深知治天下之大體者，焉能作斯語哉？'因而不爲'，故在上無妄作之患；'責而不詔'，故在下無阿意之弊。所欲與聚之，所惡與去之，'因而不爲'也；'罔攸兼於庶言、庶獄、庶慎，惟有司之牧夫'，'責而不詔'也。君相之大道，備於斯矣。是人也，爲政其庶幾成王道也歟？劉向悲其不遇是也。而黄氏謂其不然，其所見之淺深固不同哉！若其文辭之蔚然可觀，抑末也。是書無他本可校，余以意定正數字，且疑最後二章類六朝人之傅益之者，後有讀者其審諸。”

12.《四庫全書總目》：“《子華子》二卷，舊本題晋人程本撰。按程本之名，見於《家語》；子華子之名，見於《列子》，本非一人。《吕氏春秋》引《子華子》者凡三見，高誘以爲古體道人，是秦以前原有《子華子》書，然《漢志》已不著録，則劉向時其書亡矣。此本出自宋南渡後，始刊板於會稽。晁公武以其多用《字説》，指爲元豐後舉子所作；朱子以其出於越中，指爲王銍、姚寬輩所托，而又疑非二人所及；周氏《涉筆》則據其《神氣》一篇，指爲黨禁未開之時，不得志者所爲。今觀其書，多采掇黄老之言，而參以術數之説：《吕氏春秋·貴生》篇一條，今在《陽城胥渠問》篇中；《知度》篇一條，今在《虎會》篇中；《審爲》篇一條，則故佚不載，以掩剽剟之迹，頗巧於作僞。然商榷治道，大旨皆不詭於聖賢：其論‘黄帝鑄鼎’一條，以爲古人之寓言，足正方士之謬；其論‘唐堯土階’一條，謂聖人不徒貴儉，而貴有禮，尤足砭墨家之偏。其文雖稍涉漫衍，而縱横博辯，亦往往可喜，殆能文之士，發憤著書，托其名于古人者。觀篇末自叙世系，以程出於趙，睠睠不忘其宗，屬其子勿有二心以事主，則明寓宋姓，其殆熙寧、紹聖之間，宗子之忤時不仕者乎？諸子之書，僞本不一，然此最有理致文彩，辨其贋則可，以其贋而廢之則不可。陳振孫謂‘其文不古而亦有可觀，當出近世能言之流’，實爲公論。晁公武以‘謬誤淺陋’譏之，過矣！”

13. 譚獻《復堂日記》：“《子華子》二卷，“三經”義行，爲荆公之學者作僞欺世。其書可燒，抱經先生盛稱此書，獻所不解。”

14. 錢穆《先秦諸子繫年考辨·子華子考》：“《吕氏春

秋·貴生篇》:‘韓、魏相與争侵地,子華子見昭釐侯,曰:“兩臂重於天下,身又重於兩臂。韓之輕於天下遠,今所争輕於韓又遠。奈何愁身傷生以憂之?”梁玉繩云:‘昭釐侯,史作昭侯,乃懿侯子。此事又見《莊子·讓王》,《釋文》司馬云:子華子,魏人也。’今按:韓、魏争侵地,的在何年,已無可考。《莊子·則陽篇》又稱:‘魏罃與田侯牟約,田侯背之,犀首請伐齊,華子聞而醜之,惠施乃見戴晋人。’‘牟’乃‘午’字之誤。其時在惠王早年,犀首、惠施均未仕魏,《莊子》蓋寓言無實(參讀《考辨》第七〇)。大約子華子與韓昭侯、魏惠王同時,乃可信也。《吕氏·貴生篇》又引子華子曰:‘全生爲上,虧生次之,死次之,迫生爲下’,其言論實承楊朱一派,爲後來道家宗。故高誘注《吕覽》,以爲古體道人也。《誣徒》《知度》《審爲》皆引子華子言,或是秦前原有其書。《漢志》無著録,則劉向時書已亡。今本係宋人僞作,謂子華子即程本,亦非是。(《韓詩外傳》九:‘戴晋生弊衣冠見梁王,辭而去’云云,晋生即晋人,相其議論爲人,亦華子一路。此等皆在楊朱後莊周前,俱道家思想展衍中人物也。)

又《吕氏·去宥篇》:‘荆威王學書于沈尹華,昭釐惡之。’沈尹華疑即子華子,如匡章稱章子,田盼稱盼子,田文稱文子也。‘沈尹’爲楚姓。《左傳》宣公十二年‘沈尹將中軍’。《墨子·所染篇》‘楚莊染於孫叔沈尹’,沈尹華當其後人。又《楚策》有莫敖子華,疑亦一人也。

又按:楚威王元,已值韓昭侯二十四年。其後六年,昭侯卒。又五年,威王卒。今姑定威王元,華子年四十,則其生在楚肅王之初年。相其年代,當較楊朱、季梁稍後,較惠施、莊周稍前,而皆爲并世。”